La vie sous la mer Ocean des gamins
Livre de coloriage

Young Scholar

Young Scholar
An imprint of Ciparum LLC

La vie sous la mer Ocean des gamins Livre de coloriage
© 2017 Ciparum LLC
All rights reserved.
ISBN-10:1-63589-279-1
ISBN-13:978-1-63589-279-6

www.youngscholar.co

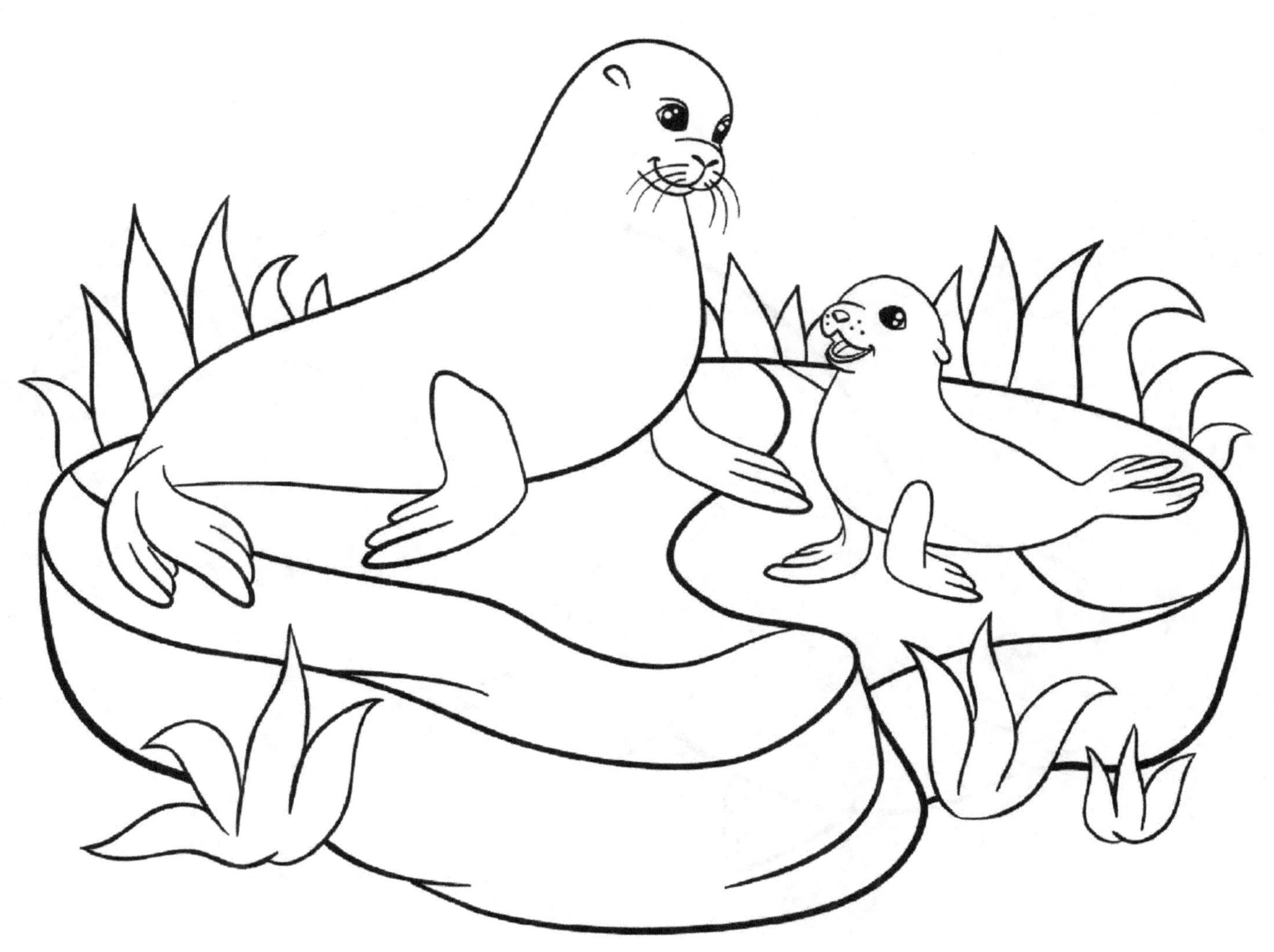

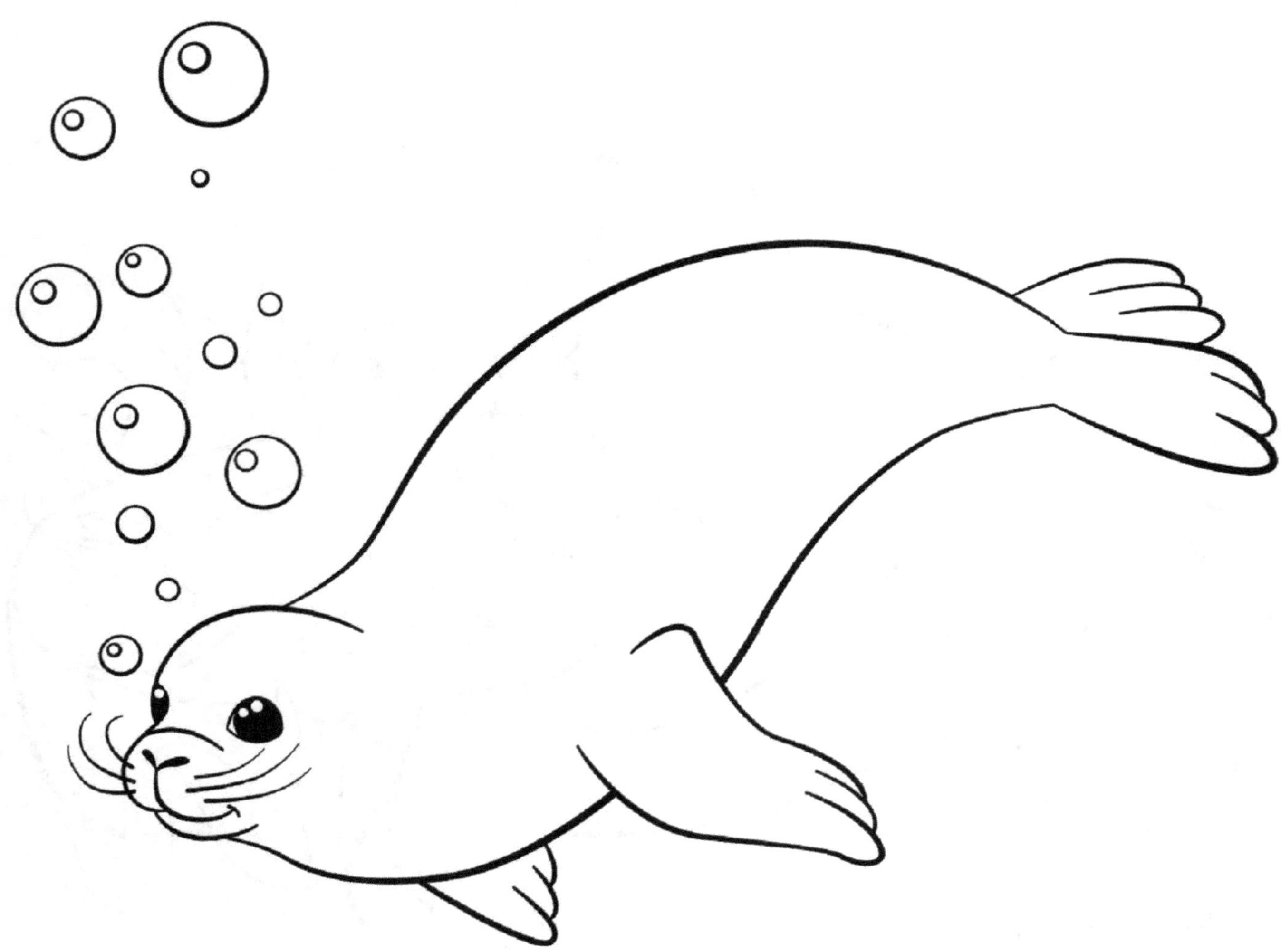

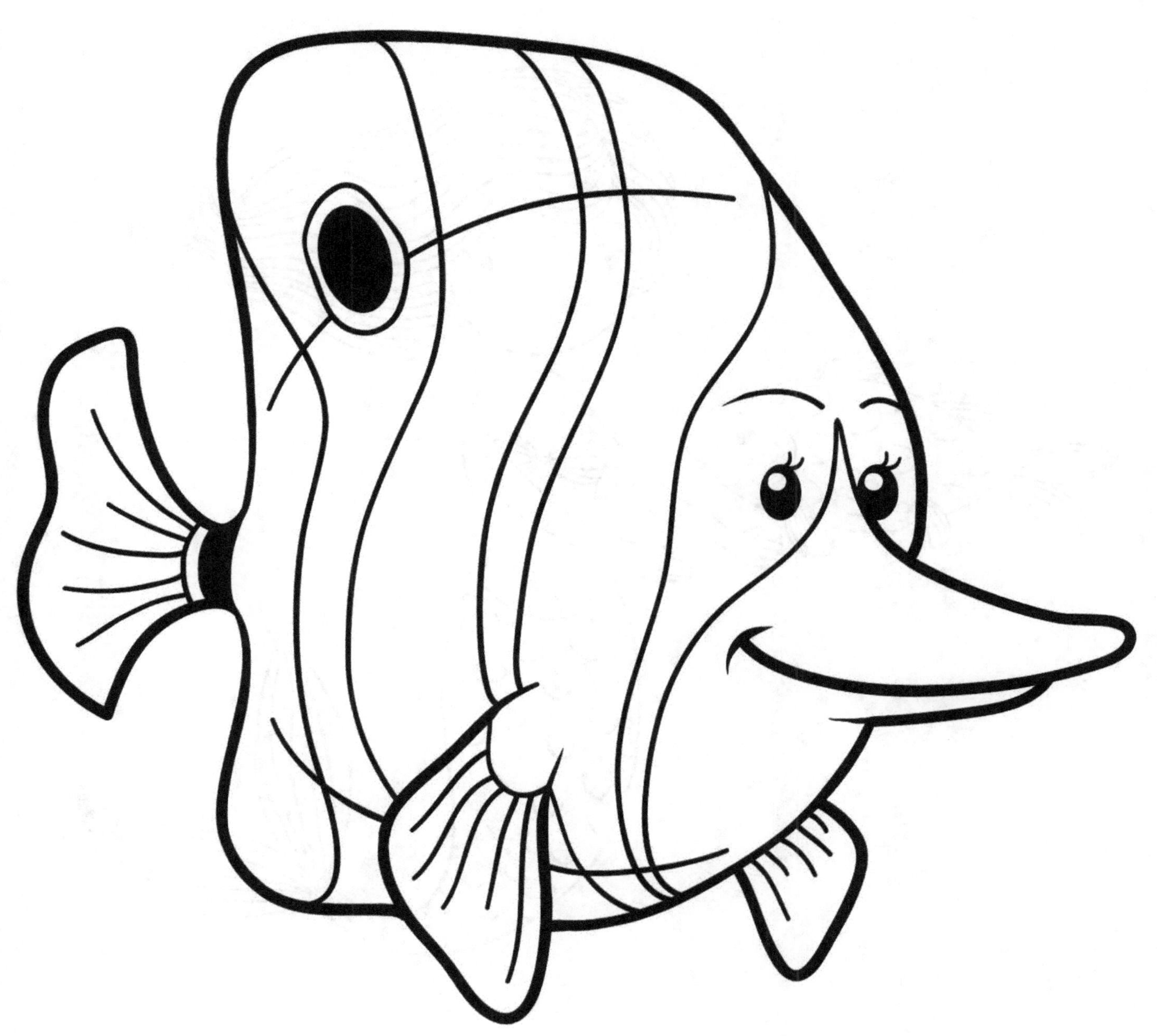

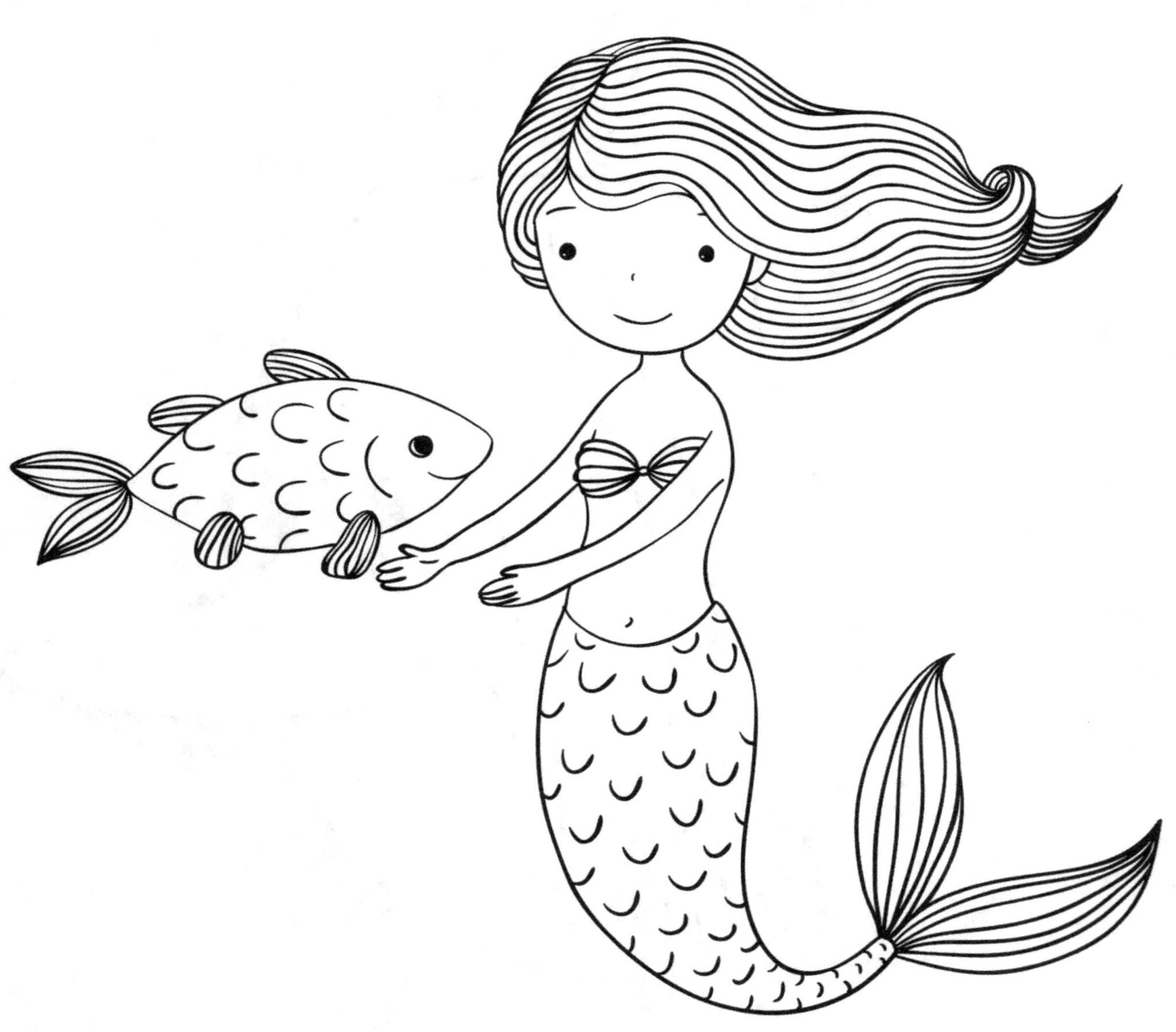

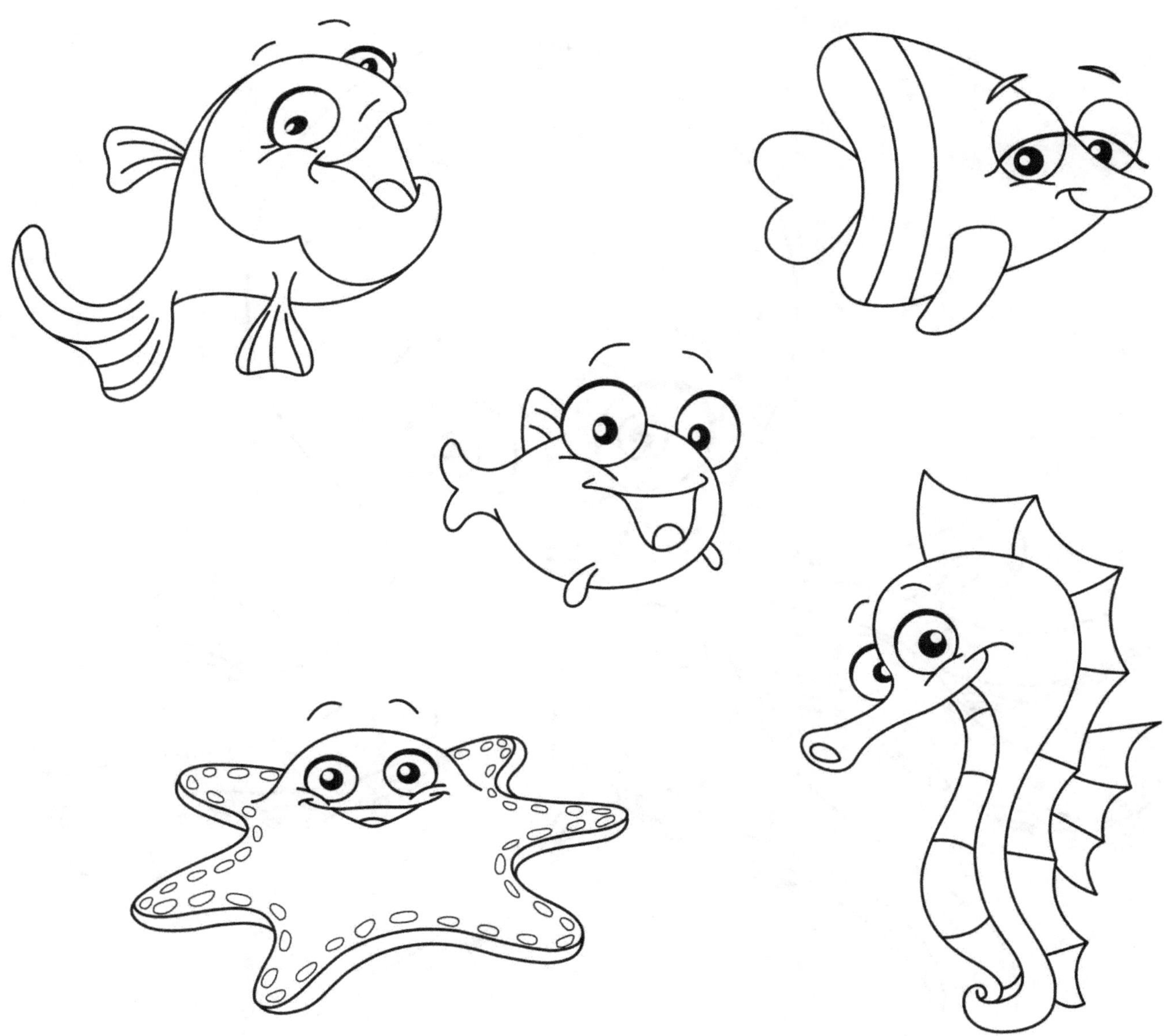

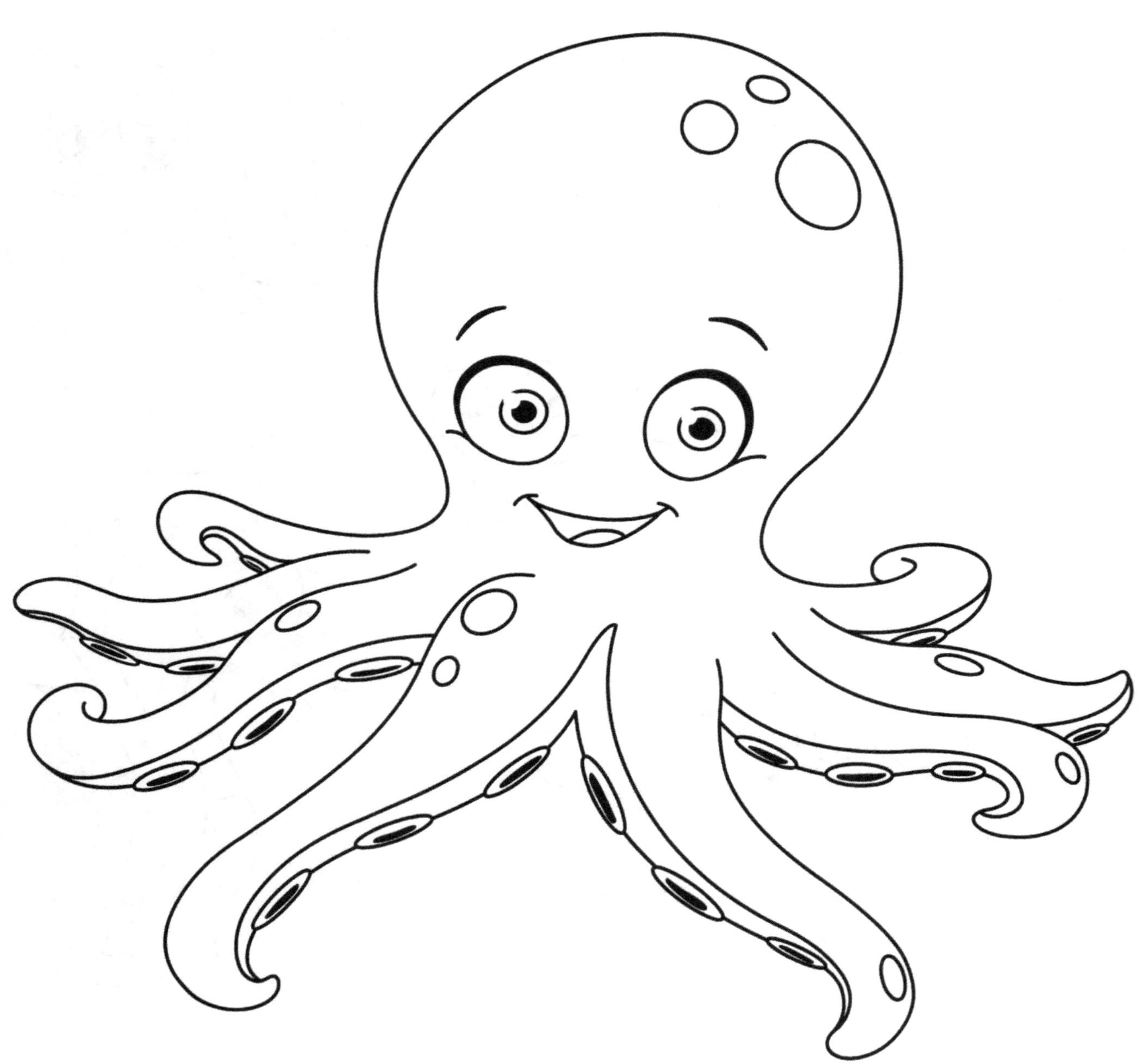

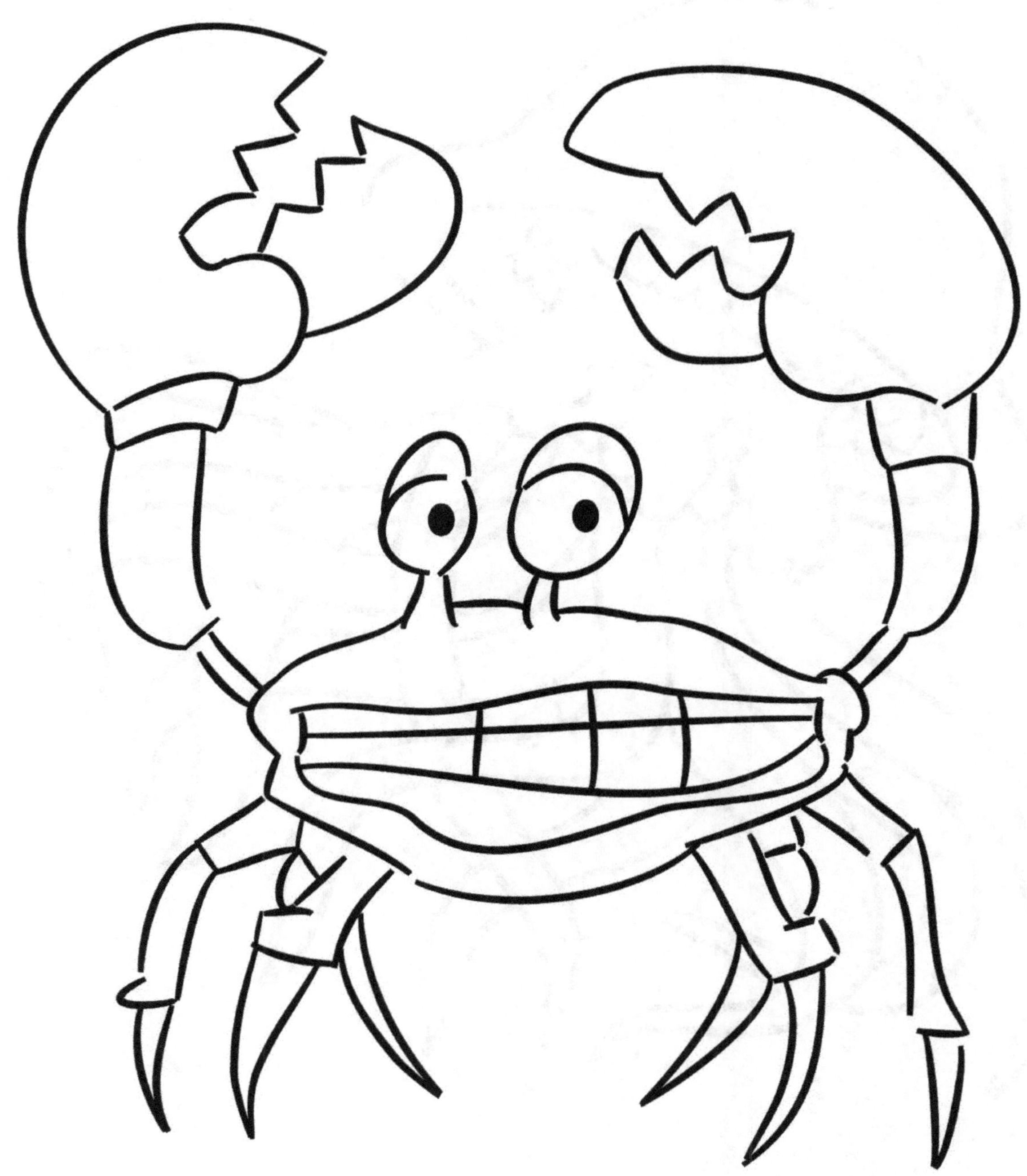

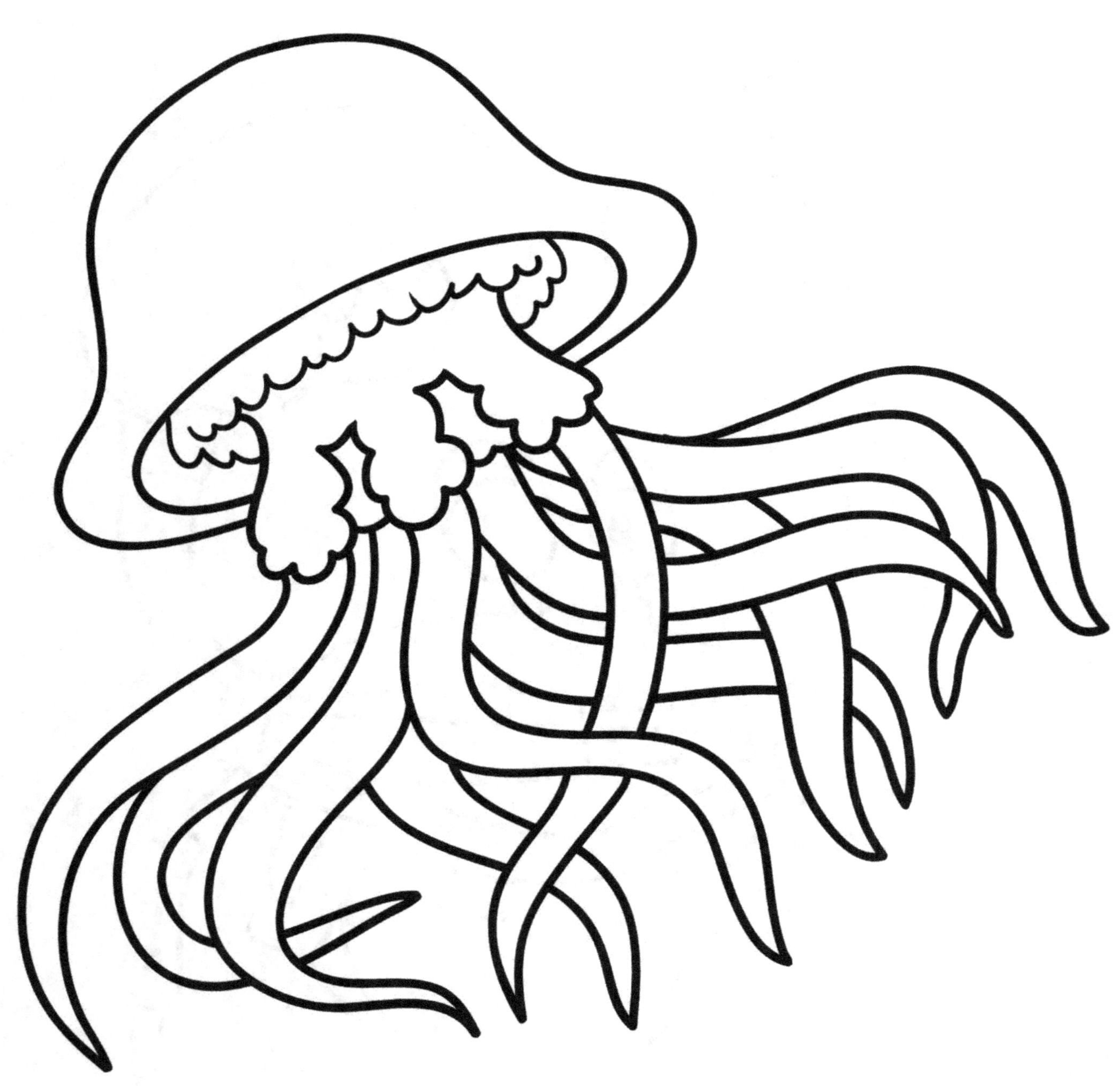

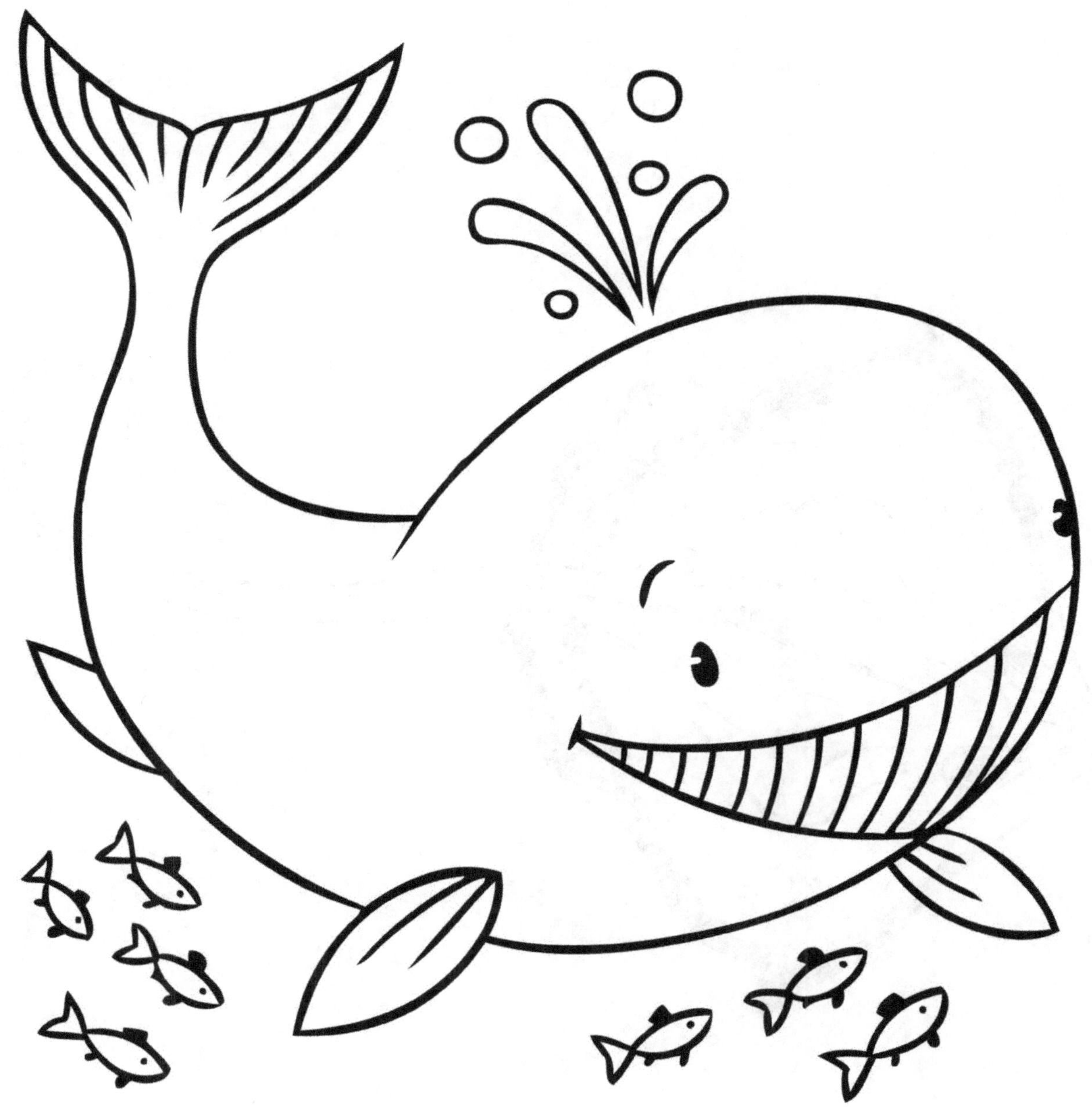

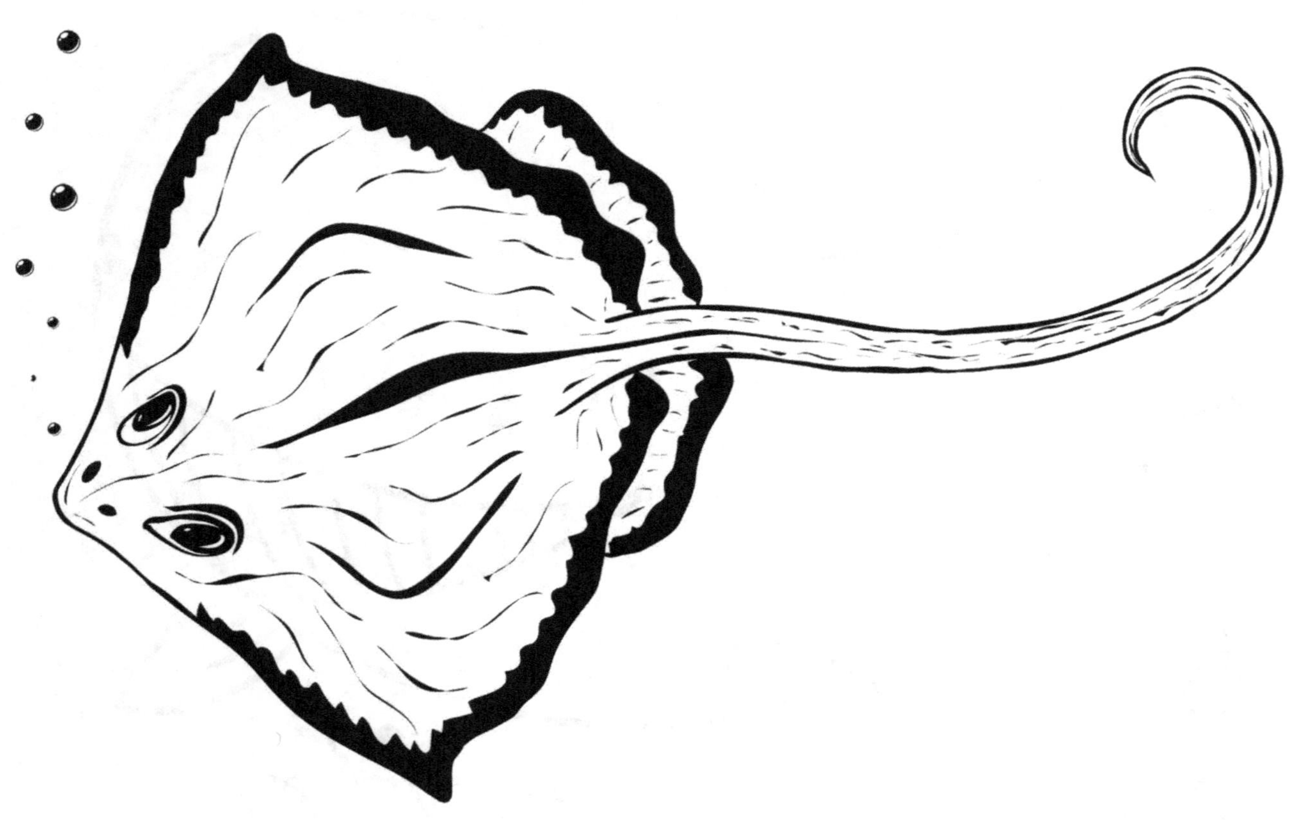

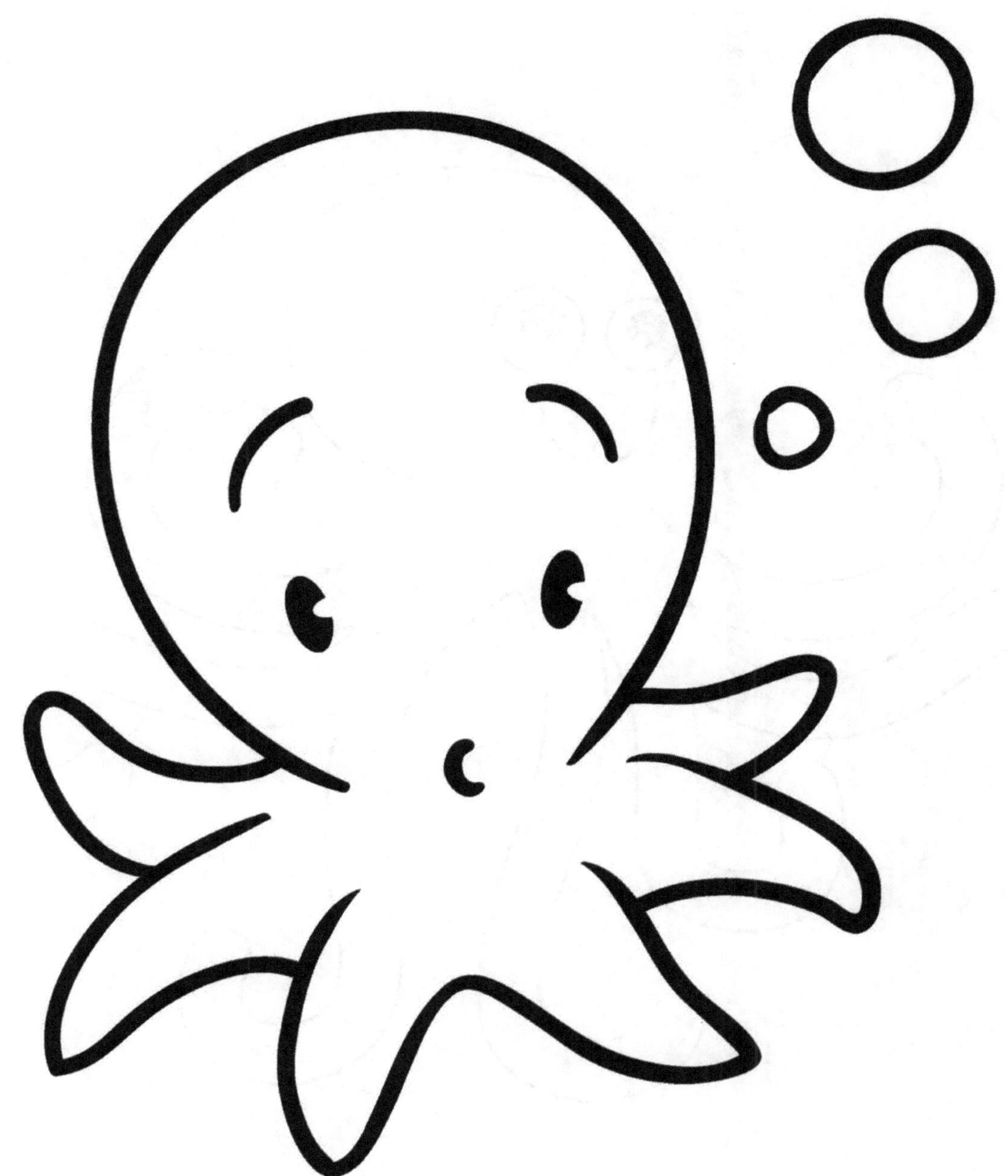

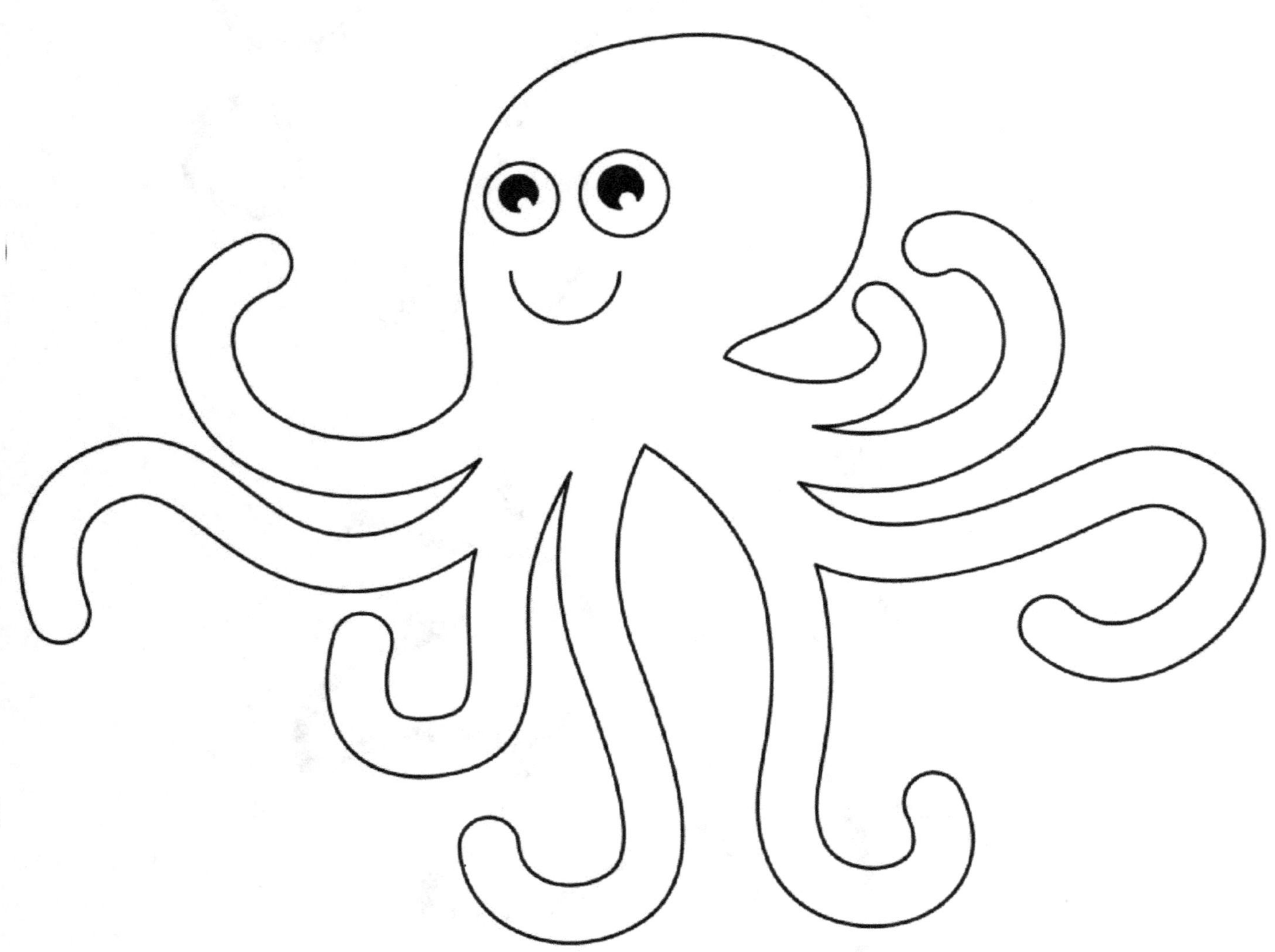

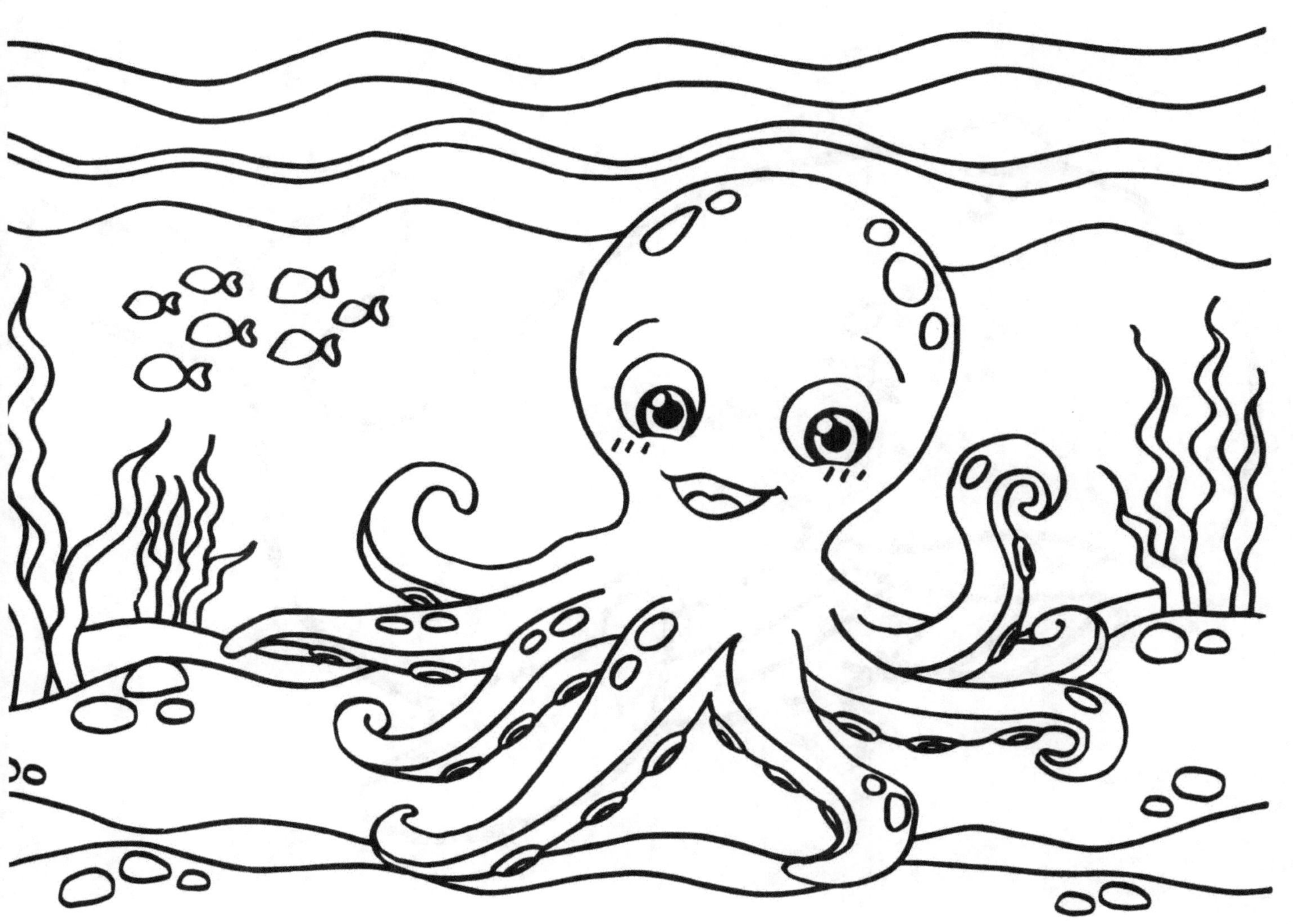

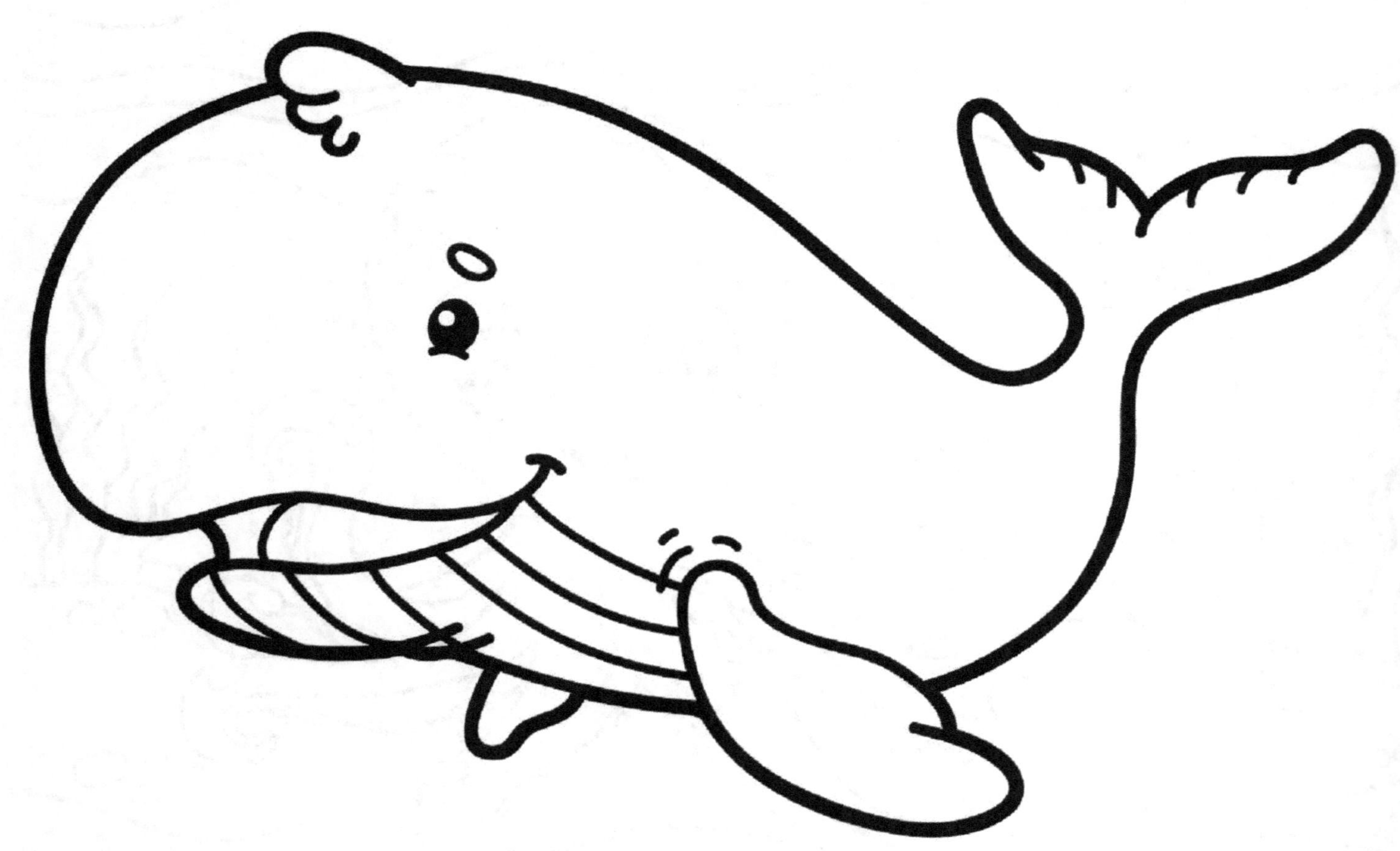

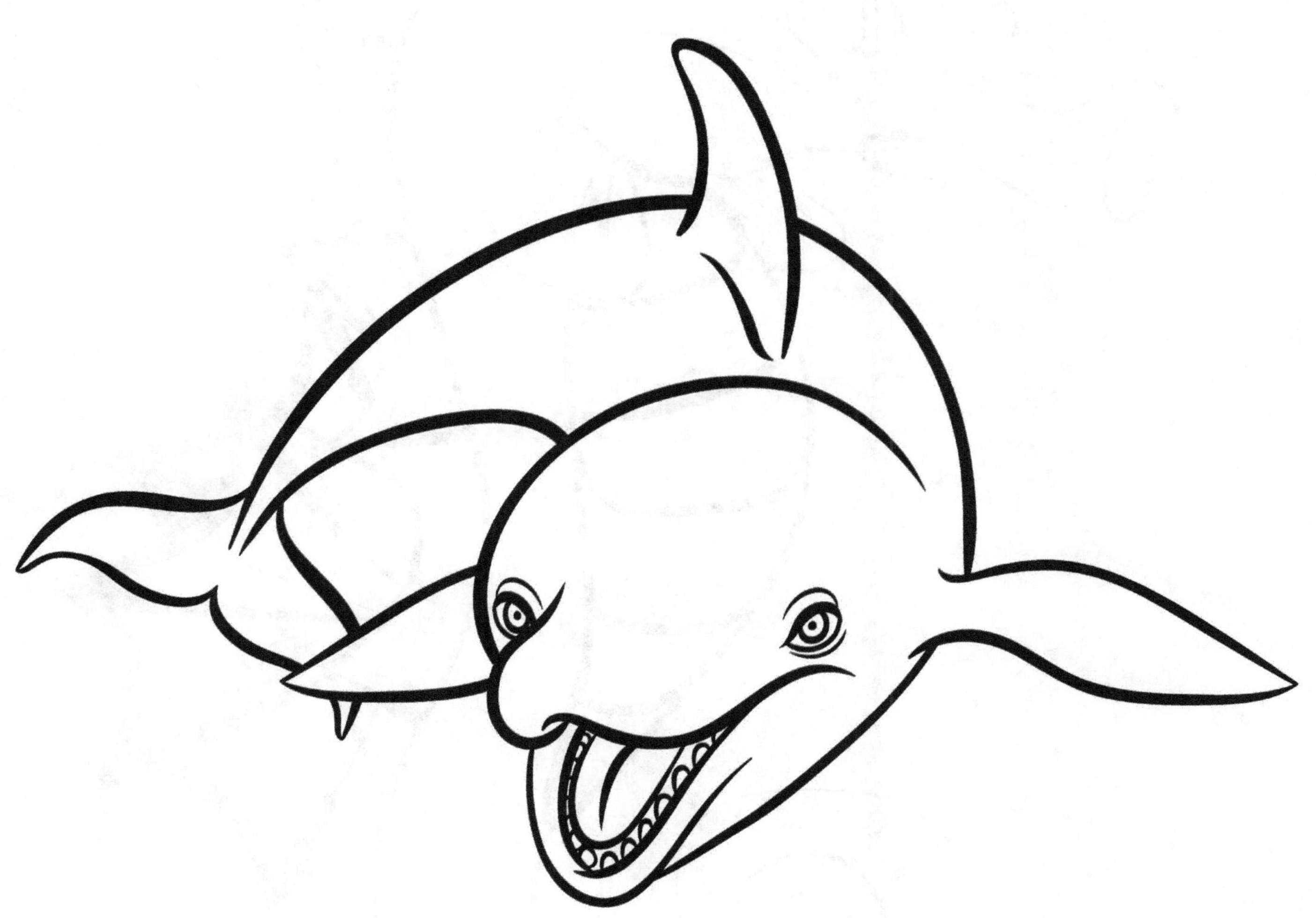

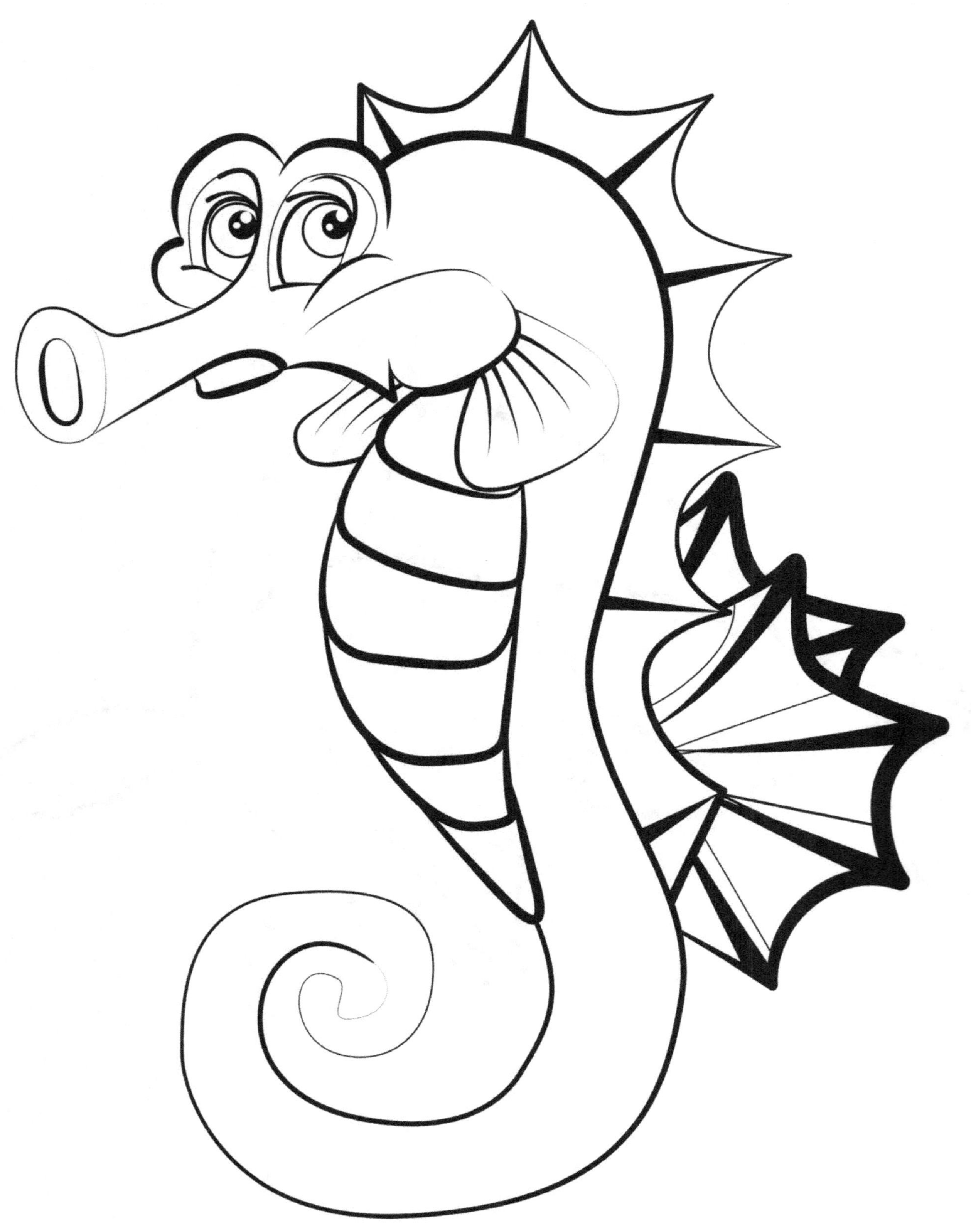

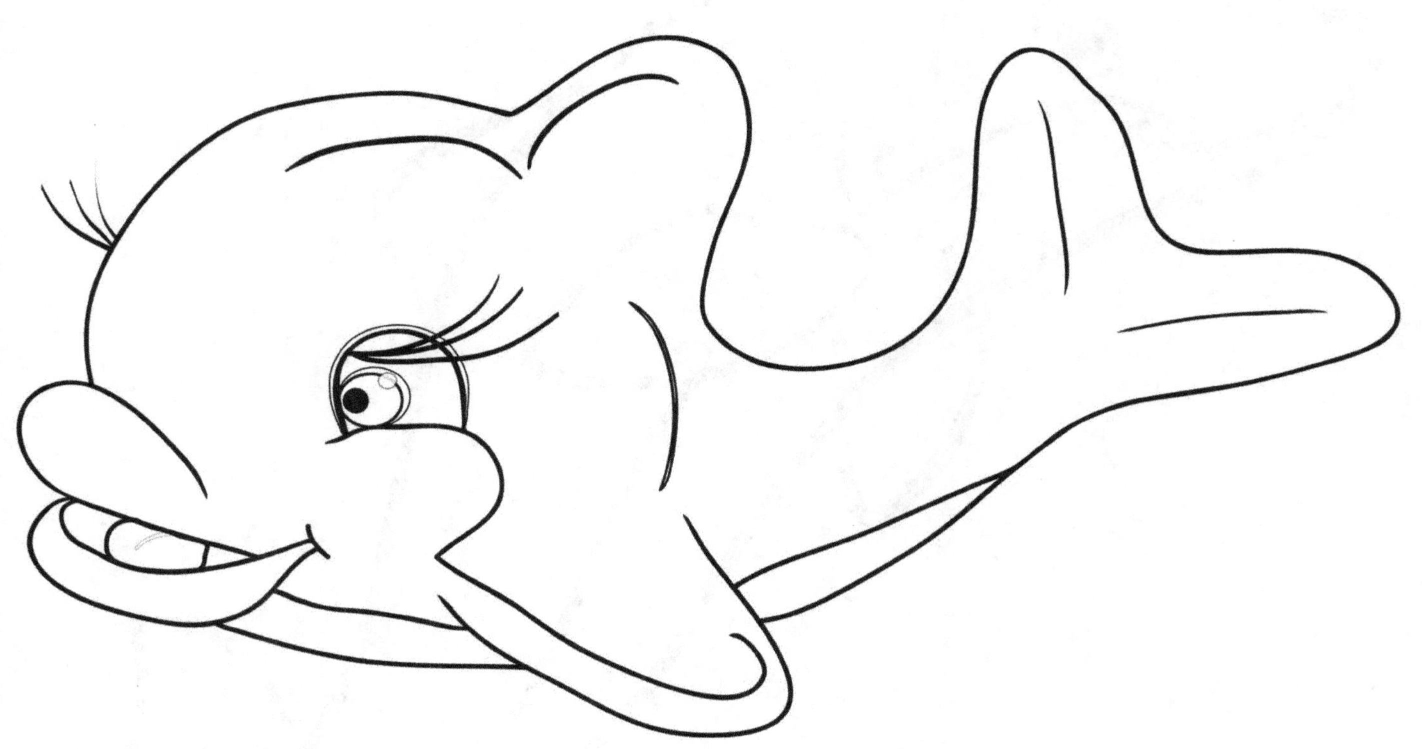

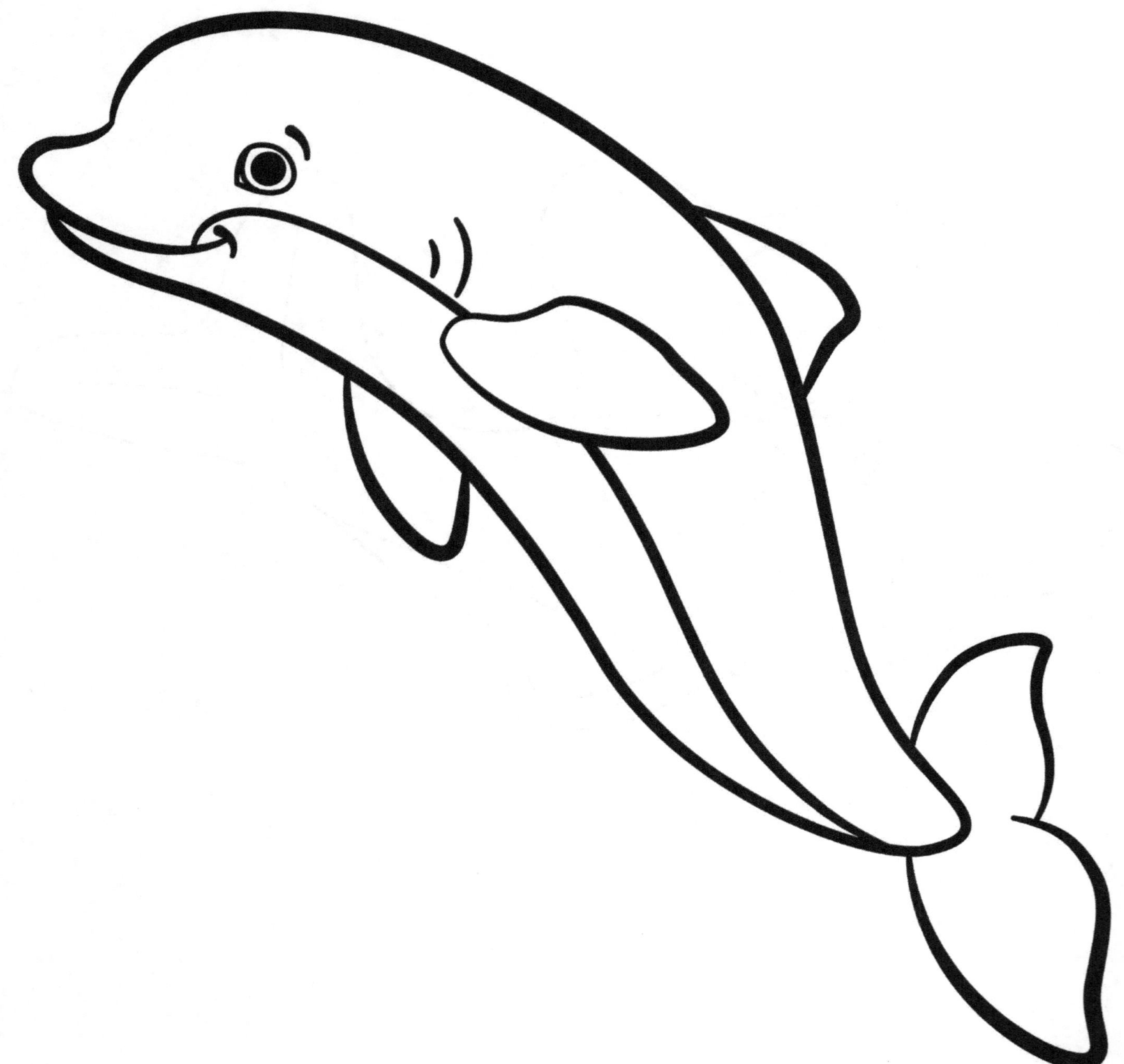

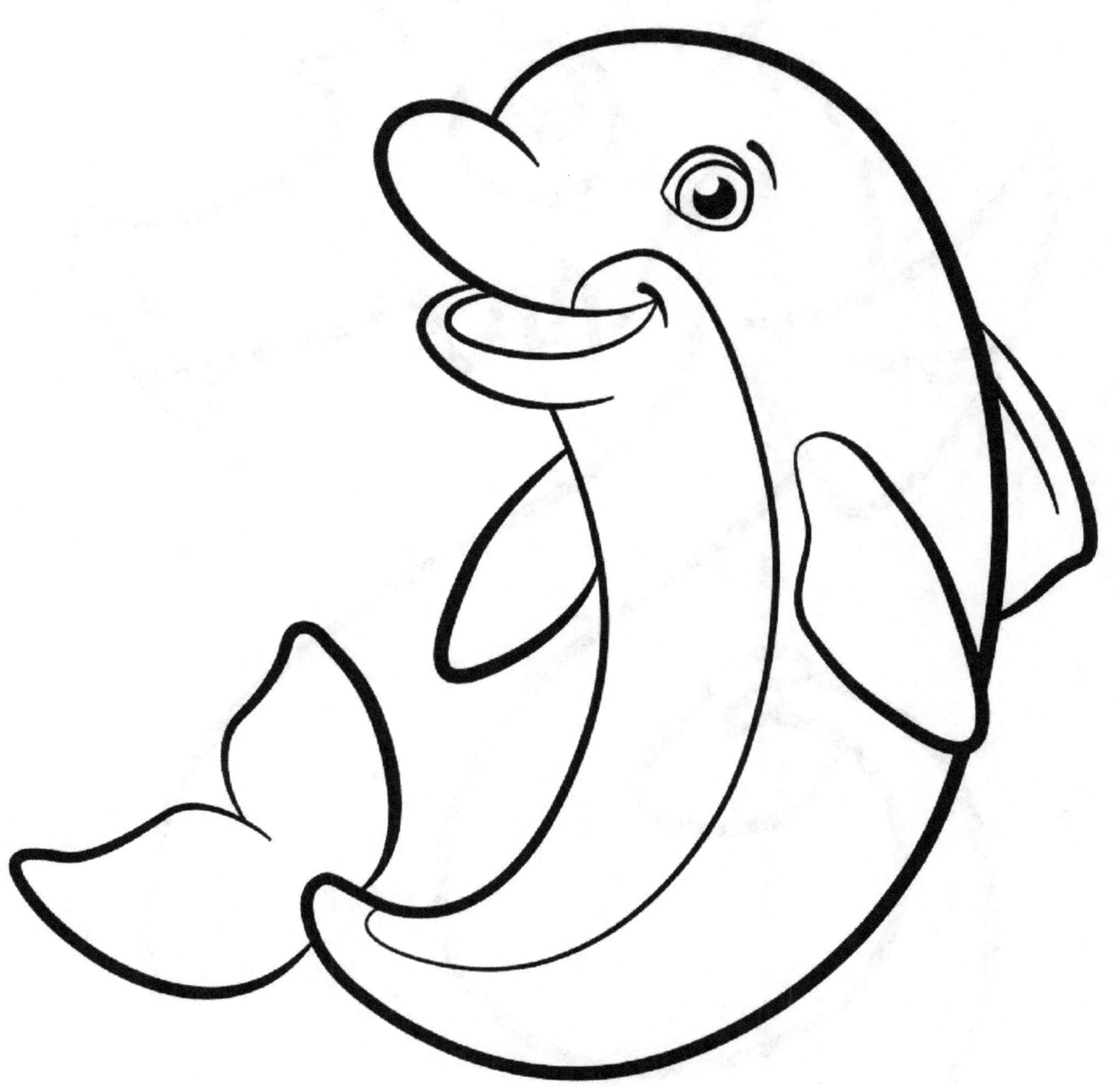

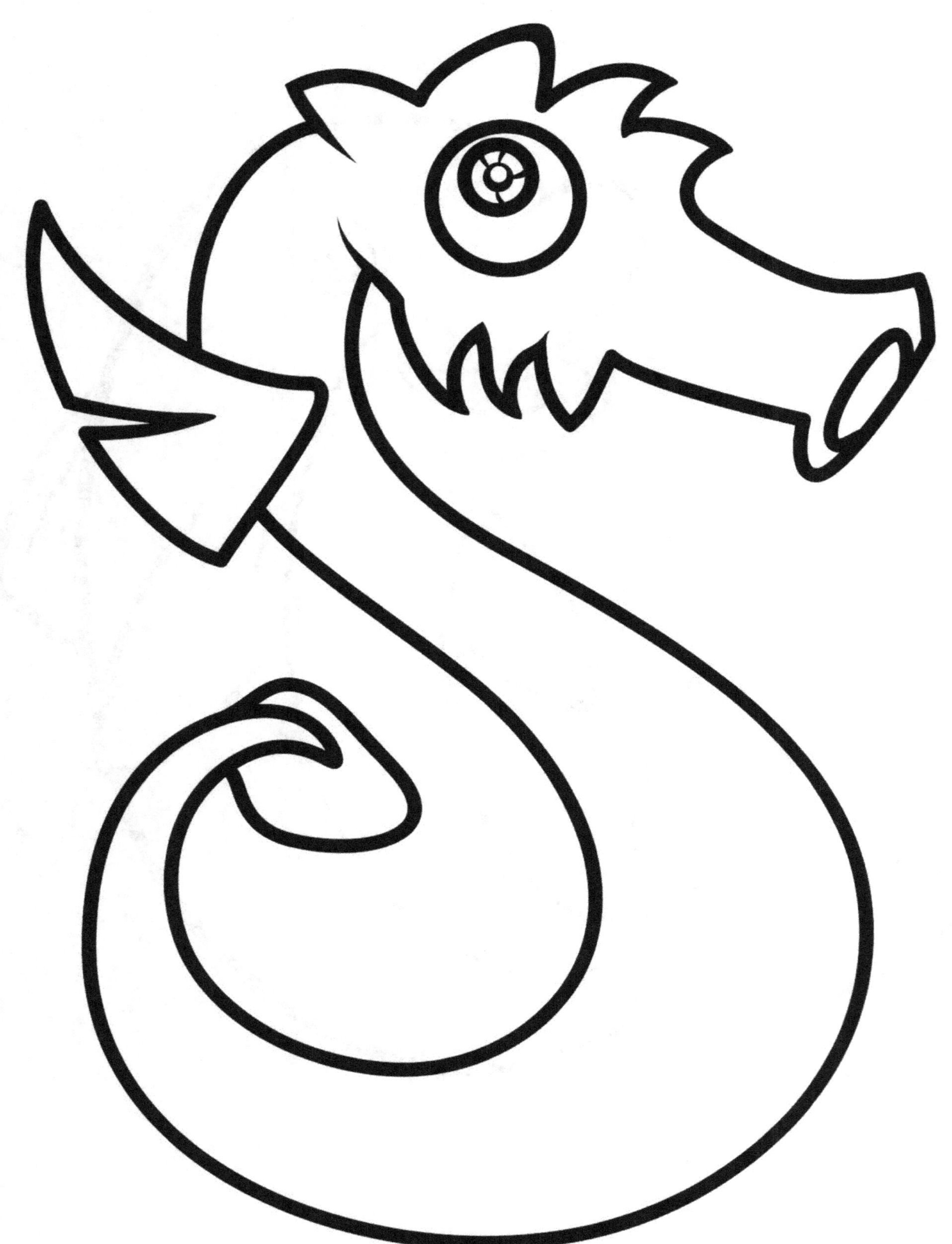

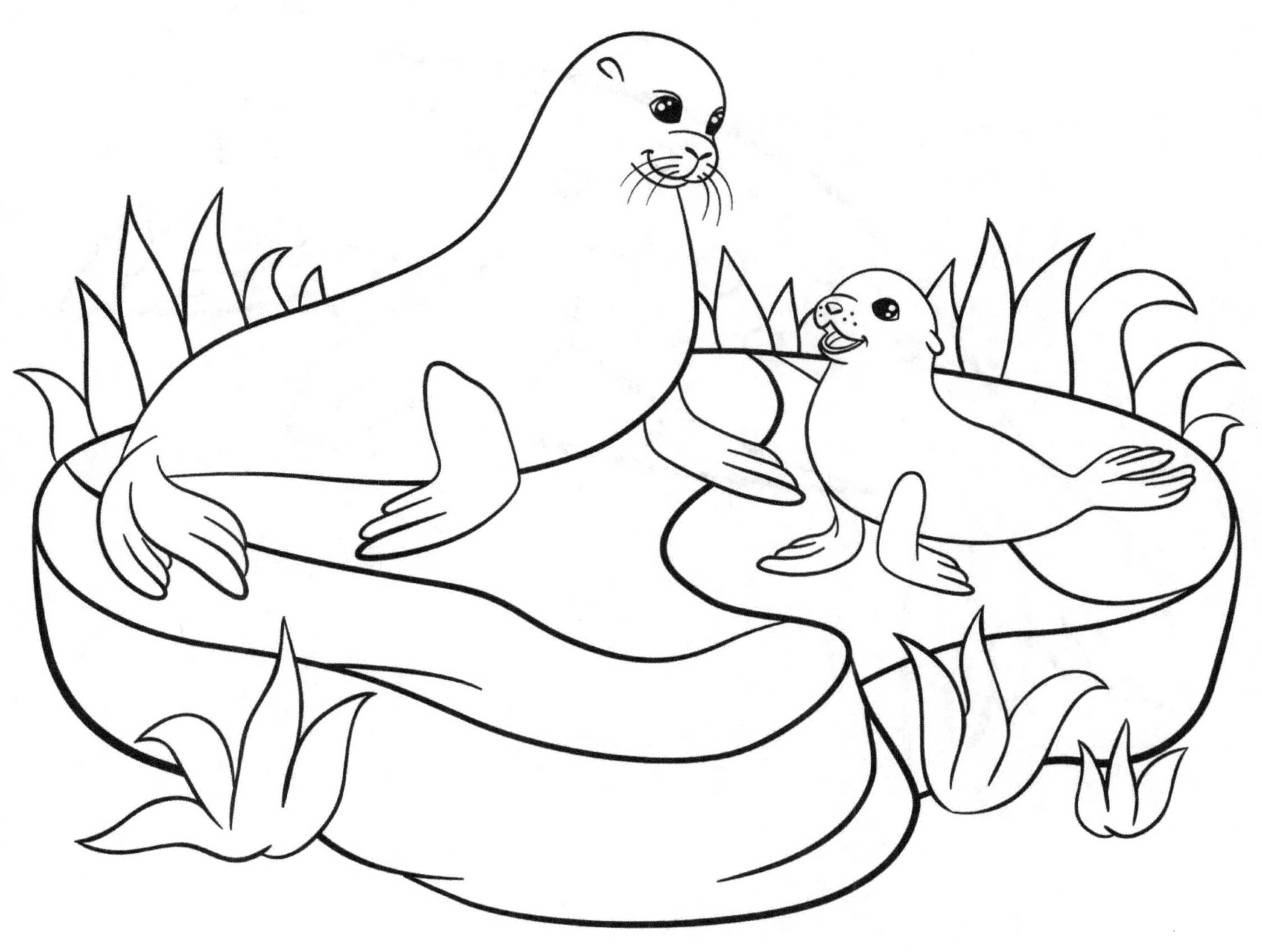

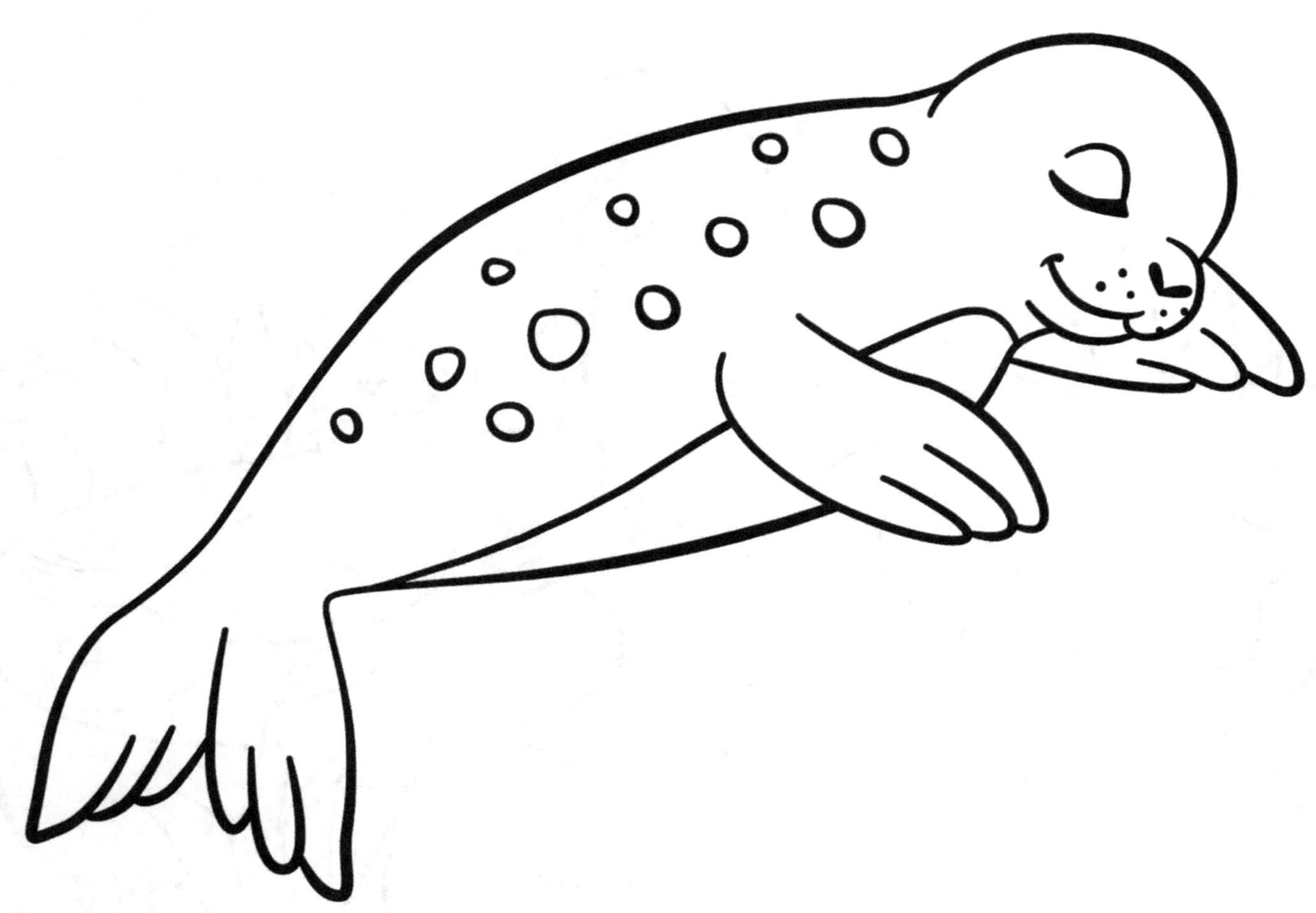

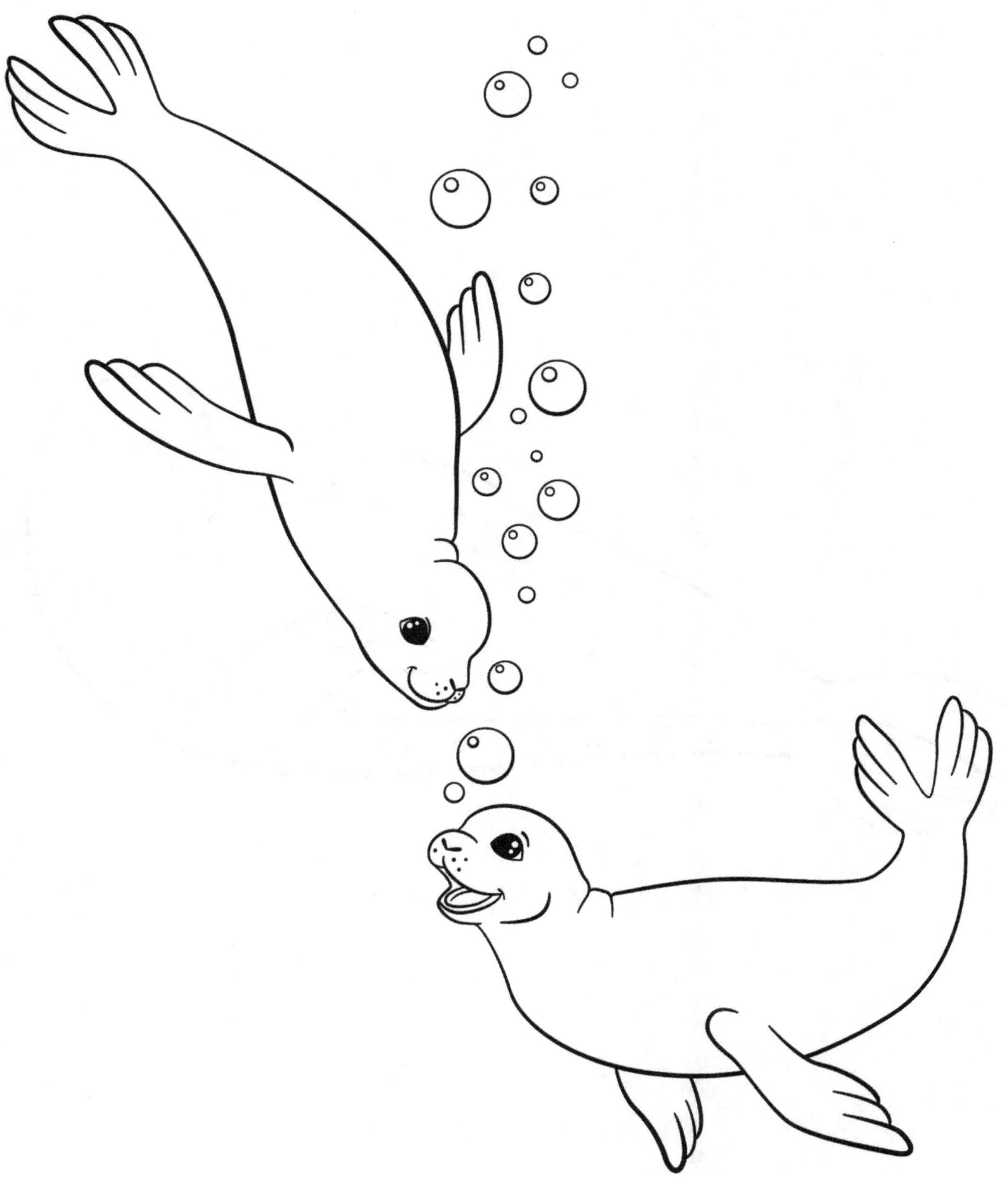

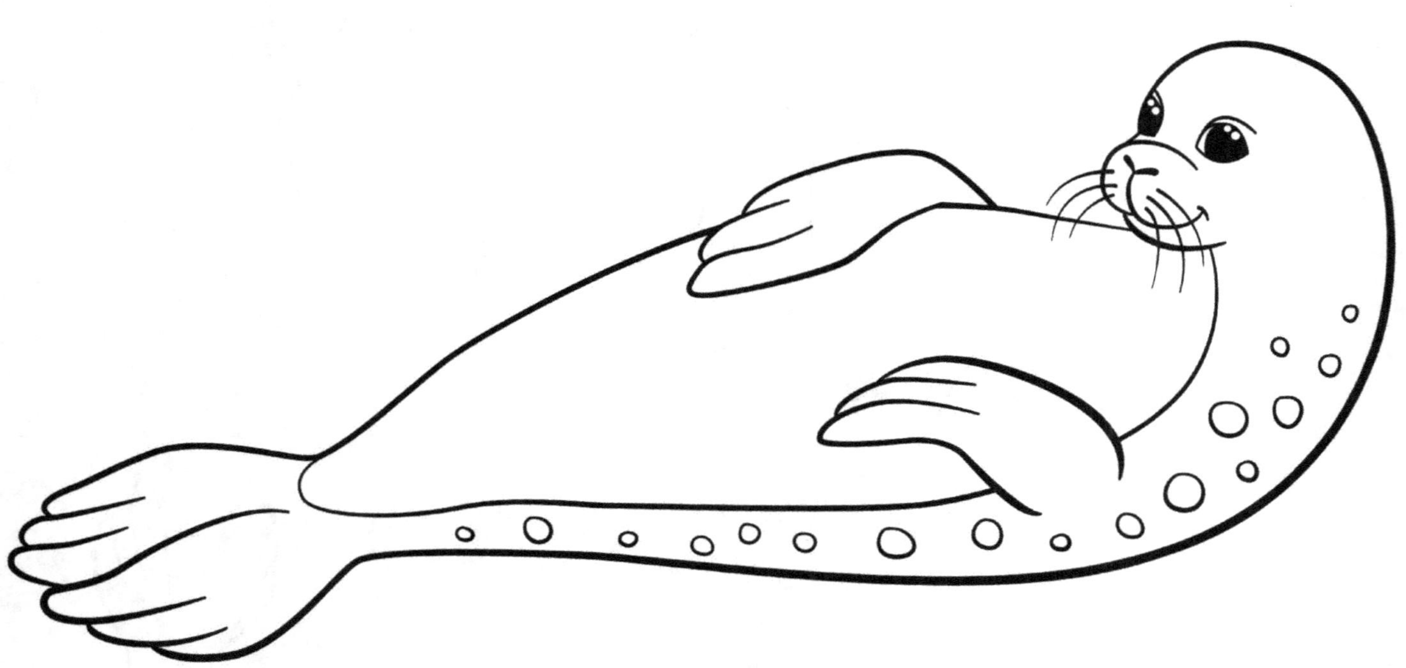

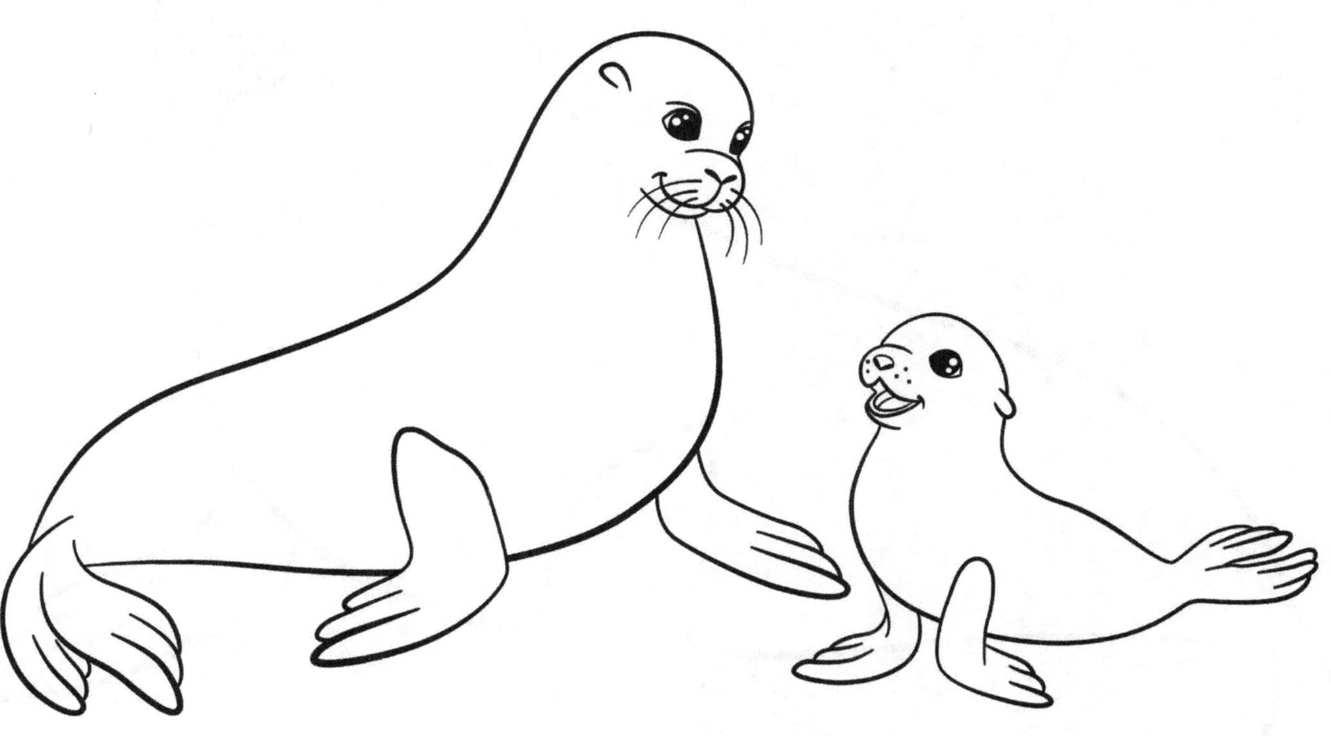

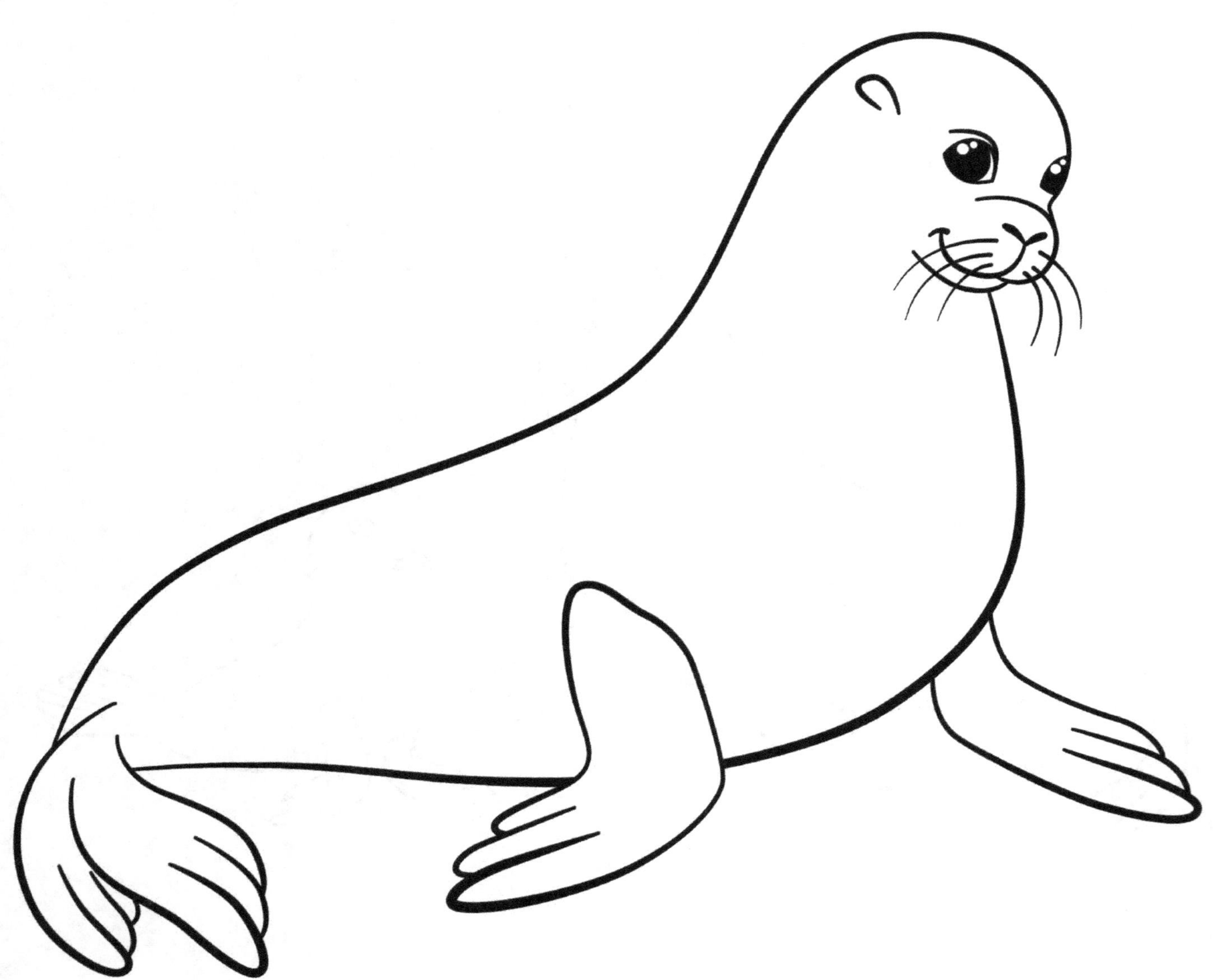

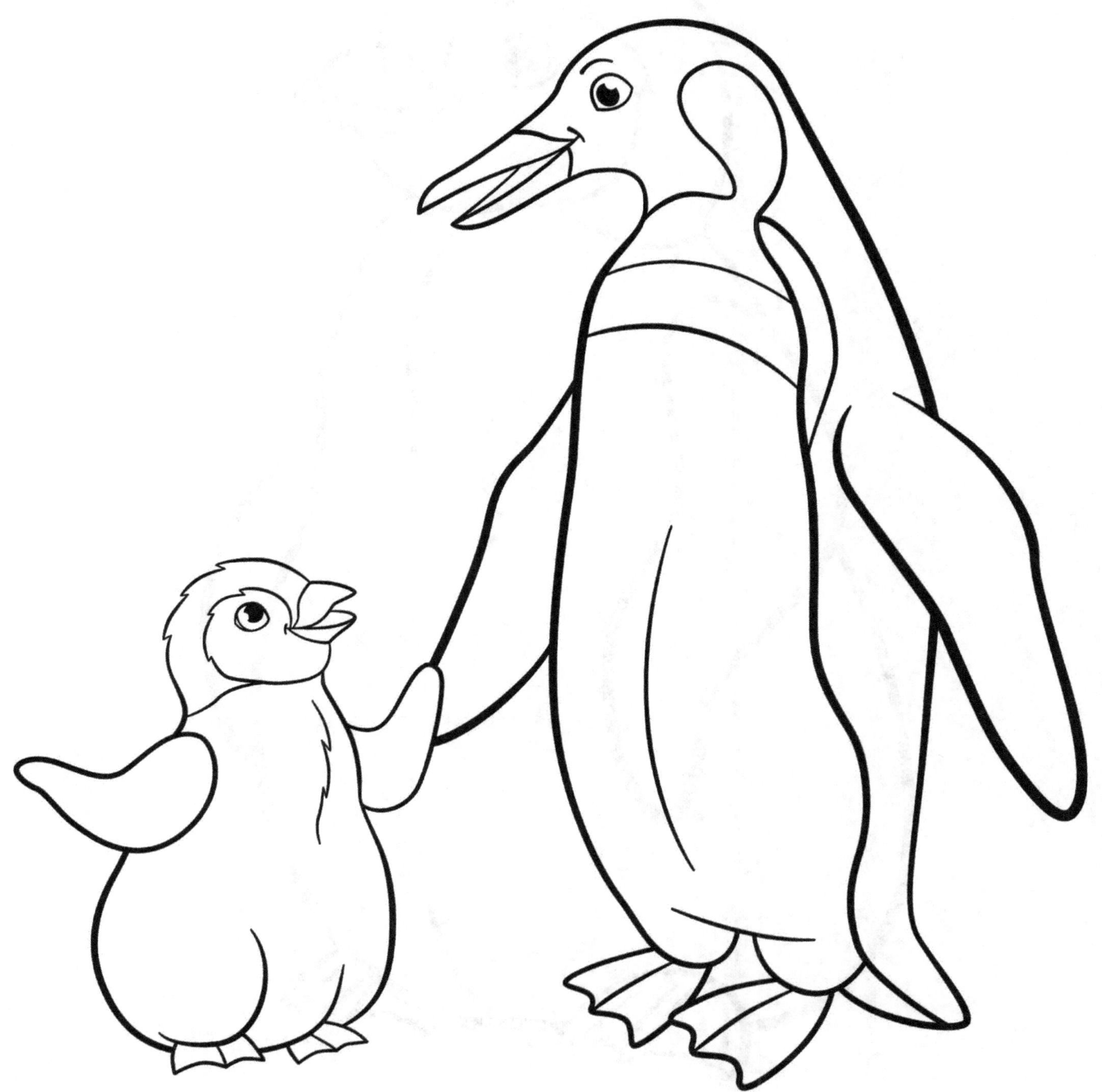

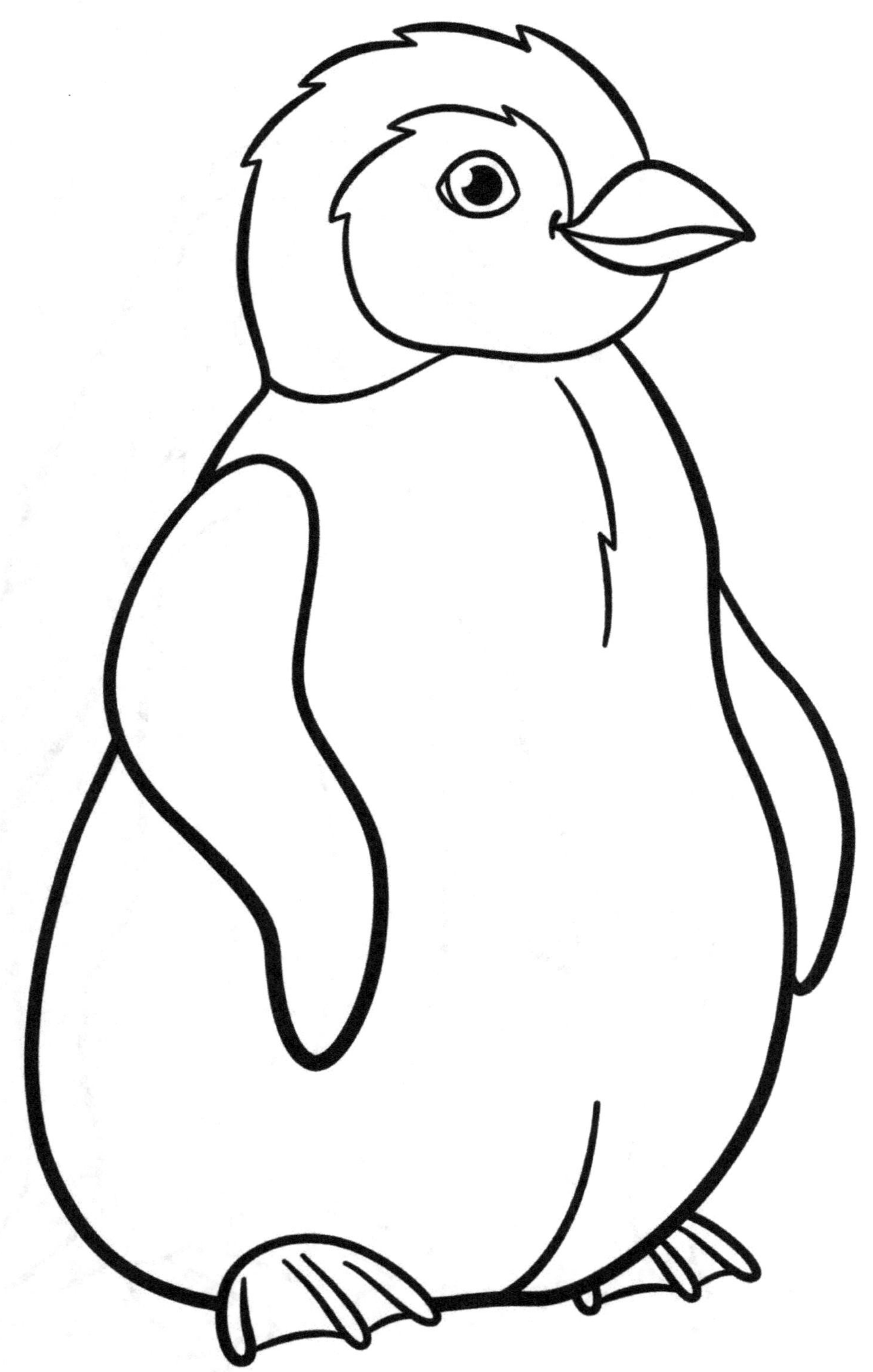

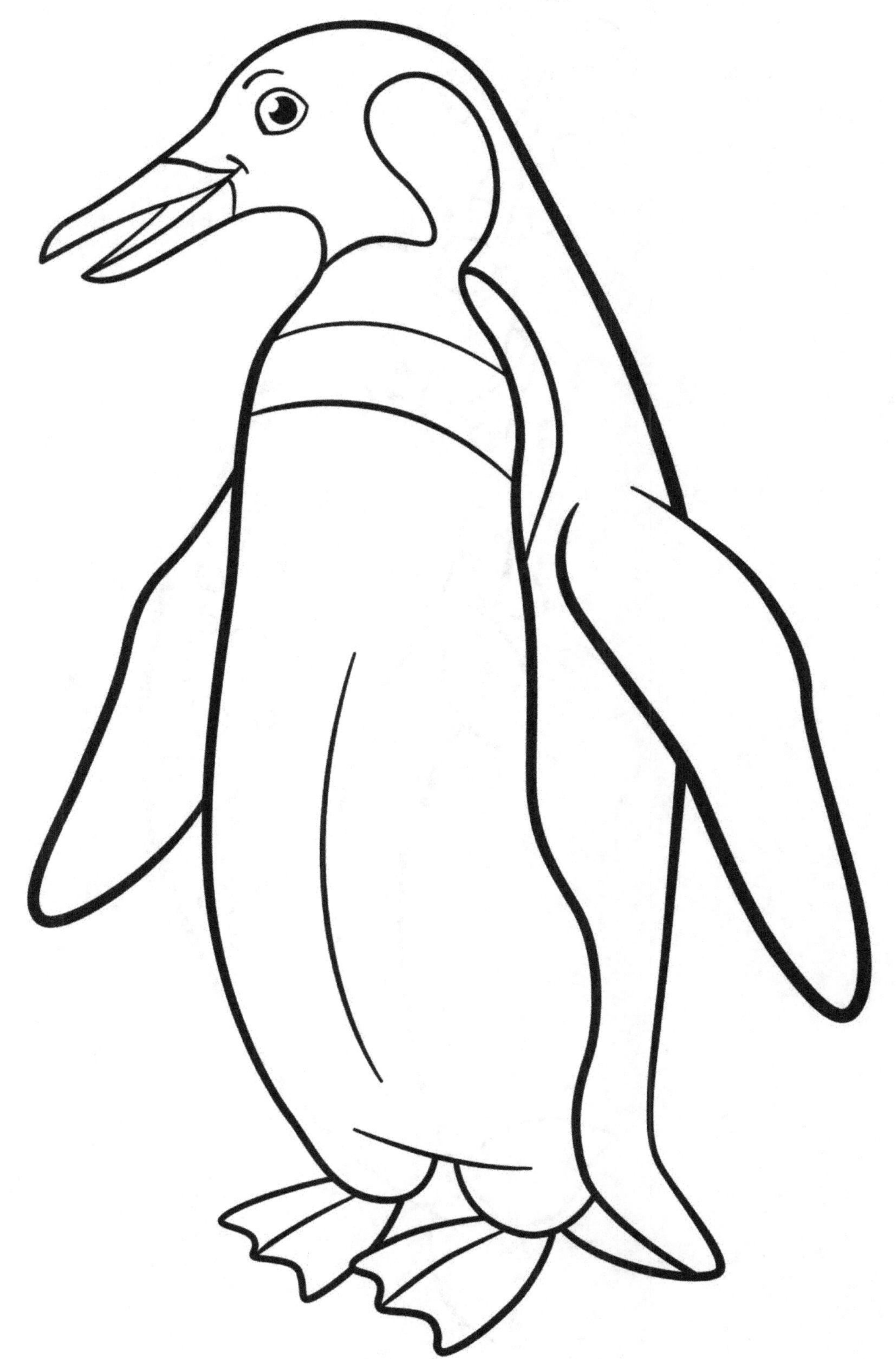

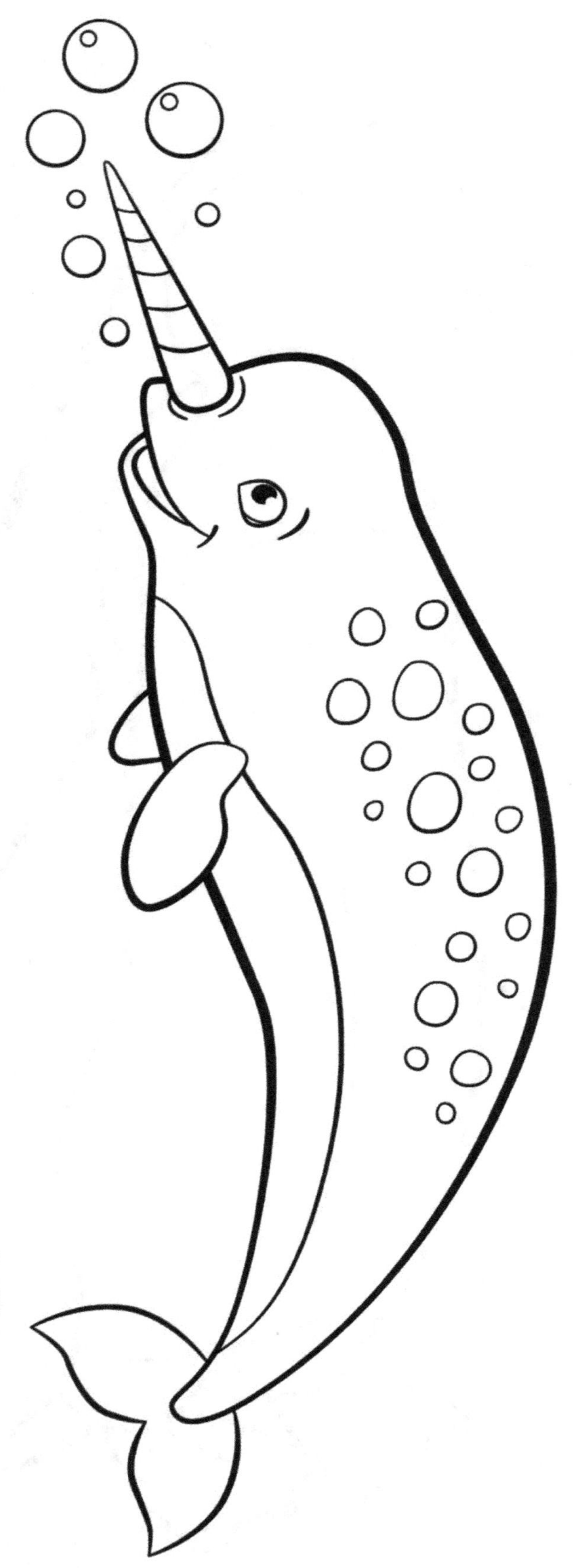

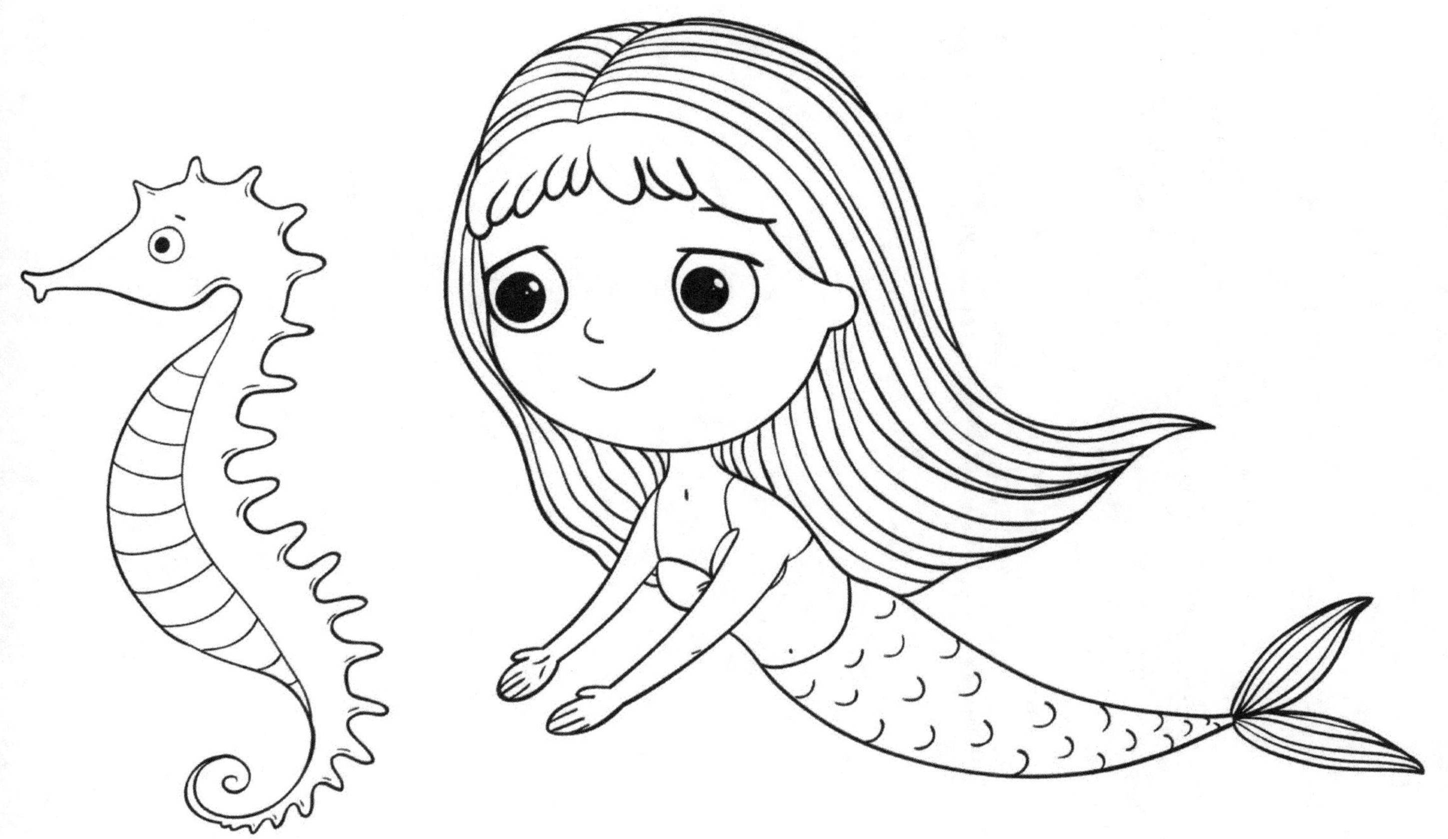